es 1672
**edition suhrkamp**
Neue Folge Band 672

Basierend auf eigenen Notizen aus dem Jahre 1942 über Menschen und Geschehen in Leningrad – von Ende 1941 bis zum Frühjahr 1944 wurde Leningrad durch deutsche Truppen belagert –, macht die namhafte russische Literaturwissenschaftlerin und Autorin Lidia Ginsburg in einer Kombination aus präziser Schilderung und tiefgreifender Reflexion die Grausamkeit jener 900 Tage nachvollziehbar. Wie sie den Hunger und die Kälte schildert, das stundenlange Schlangestehen um einen Bissen Brot, die zunehmende Verödung der Stadt und die Omnipräsenz des Todes, das ist ebenso beklemmend wie spannend – denn wie kann ein Mensch in einer Situation, in der das Sterben eine Alltäglichkeit ist, überleben?

# Lidia Ginsburg
# Aufzeichnungen eines Blockademenschen

*Aus dem Russischen von
Gerhard Hacker*

Suhrkamp

*Aufzeichnungen eines Blockademenschen (Zapiski blokadnogo čeloveka)* erschien 1989 im Verlag Sovetskij pisatel', Leningrad, als Teil des Buches *Čelovek za pis'mennym stolom*.

edition suhrkamp 1672
Neue Folge Band 672
Erste Auflage 1997
© Suhrkamp Verlag Frankfurt am Main 1997
Deutsche Erstausgabe
Alle Rechte vorbehalten, insbesondere das
des öffentlichen Vortrags
sowie der Übertragung durch Rundfunk und Fernsehen,
auch einzelner Teile.
Satz: Leingärtner, Nabburg
Druck: Nomos Verlagsgesellschaft, Baden-Baden
Umschlagentwurf: Willy Fleckhaus
Printed in Germany

1 2 3 4 5 6 – 02 01 00 99 98 97

# Inhalt

## Aufzeichnungen eines Blockademenschen
7

## Das Umfeld der »Aufzeichnungen eines Blockademenschen«
109

### Notizen aus Blockadetagen
111

### Erstarrung
131

### Ausschnitte eines Blockadetages
142

# Aufzeichnungen eines
Blockademenschen

Während der Kriegsjahre verschlangen die Menschen »Krieg und Frieden«, um sich selbst zu überprüfen (und nicht Tolstoj, an dessen angemessener Darstellung des Lebens niemand zweifelte). Und wer las, sagte sich: »Aha, das empfinde ich also richtig. So ist das also.« Wer die Kraft zum Lesen hatte, las gierig »Krieg und Frieden« im Leningrad der Blockadezeit.

Tolstoj hatte ein für allemal Gültiges zur Tapferkeit gesagt, über den Menschen, der hinter der allen gemeinsamen Sache eines Volkskrieges steht. Er hatte auch davon gesprochen, daß die von dieser Sache Ergriffenen sie sogar dann noch unbewußt fortführen, wenn sie scheinbar nur mit der Bewältigung ihrer persönlichen Lebensprobleme beschäftigt sind. Die Menschen im belagerten Leningrad arbeiteten (solange sie es vermochten), und falls sie konnten, retteten sie sich selbst und ihre Angehörigen vor dem Hungertod.

Und schließlich war dies im Sinne des Krieges auch das Notwendige, denn dem Feinde zum Trotz lebte diese Stadt, die er auslöschen wollte.

Darüber wird hier so manches erzählt.

Es schien mir erforderlich, nicht nur das allgemeine Leben darzustellen, sondern auch den Alltag eines einzelnen Menschen während der Blockade. Dieser Mensch ist allgemein und relativ (deshalb heißt er N.); er ist ein Intellektueller und lebt unter besonderen Umständen.

Ein Frühlingstag im Leningrad des Jahres 1942. Übrigens: Das Wort »Frühling« klang seltsam. Man hatte die Brotration erhöht, die Straßenbahnen fuhren irgendwie unentschlossen durch die aufgetauten Straßen. Die Deutschen hatten ihre Bombenangriffe eingestellt, sie beschossen die

Stadt jedoch noch mehrmals am Tag. Die Stärksten und Lebenstüchtigsten waren entweder schon tot oder dem Leben wieder ein Stück näher. Die Schwachen starben weiter langsam dahin. Seltsam klang das Wort »Frühling«.

N., der Blockademensch, wird wach, er ist wegen seiner Sehschwäche nicht einberufen worden. Im vergangenen Sommer war das noch ein anderes Erwachen gewesen: Um sechs Uhr morgens wurde er da regelmäßig durch die Lautsprechergeräusche des Radios geweckt, das man zum allgemeinen Gebrauch im Flur aufgestellt hatte. Danach lag er gewöhnlich noch zehn, fünfzehn Minuten im Bett, lauschte, und wurde allmählich wach. Doch nach kaum drei Minuten hielt er es nicht mehr aus, im Schlafanzug ging er auf den Flur hinaus. Dort standen bereits seine Nachbarn, halbangezogen, mit neugierig angespannten Gesichtern. Wenn der Ansager mit seiner gleichbleibend unnatürlichen Stimme die Sender ohne Störung aufzählte, vermittelte dies den Eindruck, daß heute nacht nichts besonderes geschehen war ... N. wußte, daß dieser Eindruck trog, und konnte sich doch nicht von dieser Vorstellung lösen. Übrigens begann es nicht eigentlich mit dem Ansager, sondern mit kurzen Pfeiftönen und Pausen, die eine Tonfolge bildeten. Niemals hatten wir einen traurigeren Ton gehört. Dann kam die Aufzählung der Rundfunksender mit ihren schwachen Frequenzstörungen. Endlich die schrecklich kurzen Nachrichten (es schien, als würden sie mit jedem Mal kürzer), die in jenen Tagen aus dem Verlesen der Frontabschnitte bestanden. Mit stockendem Herzen standen die Menschen vor den Lautsprechern und lauschten dem aktuellen Frontverlauf. Der Ansager sprach unnatürlich langsam, man konnte die Sekunden zählen, die ein Wort vom folgenden, eine Ortschaft von der nächsten trennten. Der Frontverlauf ... Die Menschen wußten: Und dann kommt Luga, und dann ... So war es gewesen im Sommer des Jahres 1941.

Die Gier nach Information war furchtbar. Fünfmal am Tag stürzten die Menschen zum Lautsprecher, unterbrachen sie jegliches Tun. Sie bestürmten jeden Menschen, war er der Front, der Macht oder den Informationsquellen auch nur einen Schritt näher als sie selbst. Und der Ausgefragte ärgerte sich über die zusammenhanglosen Fragen, denn die Fragenden wollten ja gar nicht das erfahren, wonach sie fragten. Sie wollten wissen, was sein würde, wenn Krieg ist, was da noch komme ...

Wichtigstes Merkmal der ersten Tage war diese Ahnungslosigkeit; merkwürdig vermischt mit einer langen Vorbereitung, mit dem lange Jahre gehegten Gedanken an die Unausweichlichkeit und die alleszerstörende Totalität dieses Ereignisses.

Jeder, der ihn erlebt hat, erinnert sich an seinen ersten Kriegstag. Ein Sonntag. Eine kurze Schlange steht vor der Kasse für den Vorortzug. Die Hand nimmt das Wechselgeld und das Papprechteck der Fahrkarte entgegen. Und genau in dieser Sekunde ertönt eine scheinbar erstaunte (oder war das kein Erstaunen?) Stimme:

»Molotow spricht ... Er sagt da so etwas ...«

Die Menschen standen schon dichtgedrängt auf dem Bahnhofsvorplatz. Aus dem Lautsprecher dröhnten Worte, und jedes trug, losgelöst von seiner Bedeutung, das bevorstehende Leid, das immense Leid eines ganzen Volkes in sich. Die Ansprache ist zu Ende. Ich kehre nach Hause zurück; die Zugfahrkarte, die ich an der Kasse gekauft hatte, presse ich in meiner Hand, bis sie schmerzt. Sie werden heute noch lange dort auf dem Bahnsteig stehen und vergebens auf mich warten. Kaum eine halbe Stunde ist vergangen, und schon schwindet die gewohnte Ordnung der Gefühle aus der Vorkriegszeit dahin.

Ich gehe durch Straßen nach Hause, die scheinbar noch Vorkriegsstraßen sind; noch sind die Dinge links und rechts

Vorkriegsdinge, ihre Bedeutung hat sich jedoch schon geändert. Noch gibt es kein Leid, tiefe Trauer oder Angst; im Gegenteil: Erregung und das an Leichtigkeit grenzende Gefühl vom Ende dieses Lebens.

Im ersten Augenblick des sich vollziehenden Geschehens schien es, als müsse man furchtbar eilig irgendwohin, und nichts könne mehr so sein wie zuvor. Dann zeigte sich, daß vieles noch war wie zuvor. Noch fuhren die Straßenbahnen, Honorare wurden gezahlt, in den Geschäften verkaufte man die üblichen Dinge. Das erstaunte. Das Gefühl vom Ende des bisherigen Lebens war zunächst so überwältigend gewesen, daß das Bewußtsein alles, was auf dem Weg dorthin lag, überging und sich ausschließlich auf das Ende konzentrierte. In dieser außergewöhnlichen Situation wollte es nicht zaudern; es wollte unnachgiebig und unbeirrbar sein. Diejenigen, die sich am wenigsten vorbereitet hatten, fanden kein anderes Mittel, als sogleich mit dem Ende zu beginnen und sich auf ihren Untergang einzustellen. Sie sagten ganz aufrichtig zueinander: »Was soll's, eines ist bei all dem Unbegreiflichen klar: wir werden zugrunde gehen.« Etwa zwei Wochen lang glaubten sie, dieses sei einfacher als alles übrige, und sie würden dem Ganzen doch ziemlich ruhig gegenüberstehen. Dann stellte sich jedoch heraus, Zugrundegehen ist schwerer, als es auf den ersten Blick aussieht. Und mit all ihrer Kraft rangen sie der Dystrophie ratenweise ihr Leben ab, viele aber von ihnen beteiligten sich bewußt oder unbewußt an jener gemeinsamen Sache.

Dem Lautsprecher hörte man schließlich ganz anders zu: er wurde immer alltäglicher. Es verlor sich diese Verbindung des ganz Persönlichen (jedem verkündet der Lautsprecher sein Schicksal) mit dem historischen Geschehen, dem Epochalen. An keinem ging jener Kelch vorüber, und alle erfuhren, wie er tatsächlich ist – der Krieg. Eine neue, nie dagewesene Wirklichkeit bildete sich heraus, die dennoch der früheren weit ähnlicher war, als man für möglich gehalten hatte. In ihr mußte man sich zurechtfinden. Den Menschen schien es nun, als hinge ihr Schicksal nicht von den Formulierungen des Ansagers ab, sondern von weitaus konkreteren und naheliegenderen Tatsachen: von der Einnahme der Ortschaft N., von der Batterie, die in Ligowo Stellung bezogen hatte, von dem Lastkahn mit Brot, dem der Durchbruch gelungen war. Im Winter schließlich war das allmorgendliche Erwachen nur noch der Auftakt zu den erneut beginnenden Qualen, die ohne Ende bis zum nächsten Schlaf andauerten.

Remarque hatte seinerzeit seinen Roman auf der Kriegsmeldung »Im Westen nichts Neues« aufgebaut, die genau an jenem Tag herauskam, als sein Held an der deutschen Westfront fiel. Ein charakteristischer Beleg für jenen individualistischen Pazifismus, wie er als Reaktion auf den Ersten Weltkrieg entstand. Die Menschen jener Jahre (besonders die Menschen im Westen) wollten nicht begreifen, daß soziales Leben wechselseitigen sozialen Schutz bedeutet (andernfalls wäre es bloß Unterdrückung und Gewalt). Wir dagegen wußten, daß die Meldung an dem Tag, an dem irgendeiner von uns durch einen Granatsplitter der Hitlertruppen getötet würde, zu lauten hätte: »Leningrad führte unter feindlichem Beschuß wie gewöhnlich sein tätiges und arbeitsreiches Leben weiter.« Dafür sagte hier jeder: *Wir* kesseln Charkow ein, *wir* haben Orjol eingenommen ... Die Truppen sind durchgebrochen, haben sich festgesetzt, sind vorgerückt ... Hinter solchen Formulierungen kollektiver Handlungen stehen Tausende einzelner Menschen, die dabei waren, die gefallen sind und keine Früchte ihres Kampfes ernten würden. Hinter ihnen aber standen weitere Millionen, die nicht dabei waren, doch ernten sie die Früchte der anderen. Was geht das alles die Gefallenen an und was nutzt es ihnen? Nichts. Selbstverständlich nichts.

Nur von einem religiösen Standpunkt aus kann einem Toten etwas noch nutzen. Es nutzt aber dem Lebenden. Die Lebenden, sie nähren sich vom Blut. Die einen sitzen als Schmarotzer, die anderen als anständige Gäste an der Festtafel und haben dafür ihr eigenes Blut geopfert. Kein Argument vermag das Minderwertigkeitsgefühl der Überlebenden zu verringern: nicht die Eigenliebe, nicht die Überlegung, man sei an seinem Platz nützlicher gewesen, und auch nicht die Behauptung, man habe eine schöpferische Berufung. Es soll nur keiner glauben, daß das Wissen um jene Zusammenhänge diejenigen, die dies begriffen hatten, im praktischen Leben von Egoismus befreit oder sie im Triumphzug zu einem heroischen Lebensgefühl geführt hätte. Für die Unvorbereiteten blieben diese Zusammenhänge furchtbar und theoretisch unerträglich.

Unter den Bedingungen der Blockade war die erste und unmittelbare Schwelle sozialen Schutzes die Familie – Keimzelle des Blutes und der Lebensformen mit ihren unabweisbaren Forderungen nach dem Opfer. Man wird sagen: Liebes- und Blutsbande machen ein Opfer leicht. Doch nein, es ist weit komplizierter. So schmerzhaft, so schrecklich waren die Beziehungen der Menschen untereinander, daß es in der Vertrautheit, in der Enge schwierig wurde, Liebe und Haß denen gegenüber zu unterscheiden, vor denen man nicht fliehen konnte. Es war nicht möglich, voreinander zu fliehen, doch konnte man sich Beleidigungen und Kränkungen zufügen. Die Bande rissen dennoch nicht. Alle nur möglichen Beziehungen – zwischen Kollegen, zwischen Lehrern und Schülern, zwischen Freunden und zwischen Verliebten – verwelkten wie Herbstlaub; nur diese eine Bindung hatte Bestand. Mal krümmten sich die Menschen vor Mitleid, mal fluchten sie, doch sie teilten ihr Brot. Fluchend teilten sie es, und teilend starben sie. Wer aus der Stadt entkam, ließ die zurückgebliebenen Familienangehörigen mit diesen Opfern allein. Und damit auch mit der Unzulänglichkeit solcher Entbehrungen (er hat überlebt, folglich hat er nicht genügend Opfer gebracht), und neben den Entbehrungen – mit der Reue.

Der Sommer naht. Ein angenehm kühler Sommer, er meint es gut. Jeden Tag, wenn er aufwacht, erlebt N. das erstaunliche, noch immer nicht ausgestorbene Gefühl der Abwesenheit von Leid. Dies ist der erste Eindruck des Tages und zugleich der beste. Arme und Beine ruhen auf dem ziemlich ebenen und weichen Sofa. Das Fenster steht offen. Ihm ist weder kalt noch heiß. Ringsumher ist es hell. Und hell wird es bleiben, die ganze weiße Nacht hindurch. Er verspürt nicht einmal das Verlangen zu essen. Übrigens stellt es sich schon allmählich ein, ist immer irgendwo gegenwärtig (wie beim Verliebten die Liebe); aber vorläufig braucht er nicht daran zu denken. N. wirft die Bettdecke zur Seite und überläßt den Körper der klaren, leichten, weder kalten noch warmen Luft.

Doch N. weiß: er braucht sich nur auf die linke Seite zu drehen und sein Gesicht dem Zimmer zuzuwenden, schon wird er das ihn erwartende Chaos erblicken (übrigens diskutierten die Geisteswissenschaftler damals noch nicht über Organisation, Information und Entropie). Haushaltsdurcheinander: ein Teller voller Zigarettenkippen, den das Chaos aus seinem Inneren ausgespuckt hat, die Jacke auf dem Koffer der verstummten Schreibmaschine. Warum? Weil gestern ein ohnmächtiges Zittern der Erregtheit den erschöpften Menschen überkam und er außerstande war, seine Jacke dort aufzuhängen, wo sie hingehörte. Überhaupt sind die Dinge von ihrem Platz weggerückt, sie sind trüb, haben verwaschene Umrisse (also keine Form). Nur auf den an die Wand gedrückten Regalen stehen in einer merkwürdig toten Ordnung die grau gewordenen Bücher. Und doch gewannen die Dinge zum Teil ihre Bestimmung wieder zurück. Andererseits, im Winter ...

Eine feindliche Welt ist auf dem Vormarsch und läßt ihre Stoßtrupps vorrücken. Plötzlich erwies sich der eigene Körper als der Stoßtrupp, der einem am nächsten war. Jetzt vergönnt er einem für kurze Zeit eine Atempause, im Winter jedoch gingen fortwährend Qualen von ihm aus. Immer wieder tauchten an ihm neue Kuhlen und Rippen auf und ängstigten besonders jene Menschen, die zur Körperfülle geneigt und ihr Übergewicht (einmal pro Woche) durch eine Milch-Apfel-Diät bekämpft hatten. Während die Menschen im Winter einen Knochen nach dem anderen an sich entdeckten, entfremdete sich ihnen ihr Körper; der Wille als Teil des Bewußtseins spaltete sich vom Körper als einer Erscheinungsform der feindlichen Außenwelt ab. Der Körper brachte nun neuartige Empfindungen hervor, die nicht mehr die eigenen waren. Stieg ein Mensch (mühsam und zugleich mit einer neuartigen, quälenden Körperlosigkeit) die Treppe hinauf, bückte er sich, um die Gummischuhe zu suchen, oder schlüpfte er in die Ärmel seines Mantels – die Empfindungen dabei waren ihm fremd, als würde ein anderer sie erleben. Mit der Auszehrung vertiefte sich diese Entfremdung. Schließlich hatte sich alles auf seltsame Weise in zwei Hälften gespalten: in die ausgezehrte äußere Hülle, die zur Kategorie jener Dinge zählte, die der feindlichen Welt angehörten, und in die Seele, die sich, davon isoliert, irgendwo drinnen in der Brust befand. Eine anschauliche Verkörperung des philosophischen Dualismus.

Während der schlimmsten Unterernährung wurde alles klar: der Körper zieht das Bewußtsein in seinen Bann. Den Automatismus der Bewegungen, das freie Spiel der Reflexe, die ursprüngliche Korrelation mit dem psychologischen Impuls – all das gab es nicht mehr. So erwies sich zum Beispiel, daß die vertikale Haltung dem Körper überhaupt nicht entsprach; eine bewußte Willensanstrengung mußte den Körper in ihre Gewalt nehmen, sonst entglitt er und stürzte gleichsam einen Abhang hinunter. Der Wille mußte ihn aufrichten und zum Sitzen auffordern oder ihn von einem Gegenstand zum anderen führen. An den allerschlimmsten Tagen fiel es nicht nur schwer, eine Treppe hinaufzusteigen, selbst das Gehen auf ebener Erde wurde zur Qual. Und der Wille mischte sich nun auch in Dinge ein, mit denen er früher nie etwas zu schaffen hatte. »So, jetzt gehe ich«, sagte er, »das heißt, eigentlich geht ja mein Körper, und man muß gut auf ihn achtgeben. Also, ich setze den rechten Fuß nach vorn, der linke bleibt hinten, hebt sich auf die Fußspitze, es beugt sich das Knie (wie schlecht es sich doch beugen läßt!), dann löst er sich vom Boden, bewegt sich durch die Luft nach vorn, senkt sich wieder, in der Zwischenzeit aber ist der rechte schon irgendwie nach hinten geraten. Weiß der Teufel! Man muß schon achtgeben, wie er da nach hinten kommt, sonst könnte man noch hinfallen.« Eine gräßliche Tanzstunde war das.

Noch kränkender war es, wenn man plötzlich das Gleichgewicht verlor. Es war nicht die Entkräftung, kein Schwanken aus Schwäche, sondern etwas ganz anderes. Ein Mensch will seinen Fuß auf den Stuhlrand stellen, um sich den Schuh zu schnüren; in diesem Augenblick verliert er das Gleichgewicht, es pocht in den Schläfen, das Herz setzt aus. Der Körper war seiner Kontrolle entglitten, und wie ein leerer Sack wollte er in eine unergründliche Tiefe stürzen.

Mit einem entfremdeten Körper geschehen einige abscheuliche Dinge: er verliert sein altes Gesicht, er sieht vertrocknet oder aufgedunsen aus; nichts erinnert dabei an eine gute alte Krankheit, denn die Veränderungen stellen sich wie bei toter Materie ein. Manche dieser Vorgänge nimmt der Betroffene nicht einmal wahr. »Aber er ist doch schon ganz aufgedunsen«, sagt man von ihm, dabei ahnt er selbst noch gar nichts davon. Die Menschen wußten lange nicht, waren sie aufgedunsen oder hatten sie zugenommen. Plötzlich beginnt der Mensch zu begreifen, daß sein Zahnfleisch anschwillt. Voller Entsetzen fährt er mit der Zunge darüber, betastet es mit dem Finger. Vor allem nachts kann er lange nicht damit aufhören. Er liegt da und befühlt aufmerksam etwas Gefühlloses und Schlüpfriges, das gerade deshalb schrecklich ist, weil es nicht schmerzt: in seinem Mund ist eine Schicht toter Materie.

Monatelang schliefen die Menschen, das heißt die meisten Einwohner der Stadt, ohne sich auszuziehen. Sie hatten ihren Körper aus dem Blick verloren. Er verschwand in der Tiefe, eingemauert in Kleidung, und dort, in jener Tiefe, verwandelte er sich, verlor er sein altes Aussehen. Dem Menschen war bewußt, daß sein Körper häßlich wurde. Er wollte vergessen, daß er irgendwo weit weg – unter der wattierten Jacke, unter dem Pullover, unter der Strickjacke, unter Filzstiefeln und Fußlappen – noch einen schmutzigen Körper besaß. Aber der Körper tat sich kund – durch Schmerzen, durch Krätze. Die Lebenstüchtigsten wuschen sich noch manchmal, wechselten ihre Wäsche. Dabei ließ sich eine Begegnung mit dem Körper nicht mehr vermeiden. Der Mensch betrachtete sich mit boshafter Neugier, die stärker war als der Wunsch, nichts zu wissen. Der Körper war fremd; jedesmal hatte er neue Löcher und Kuhlen, er war fleckig und rauh. Die Haut – ein fleckiger Sack, zu groß für seinen Inhalt.

Nun war der Körper wieder an die Oberfläche gekommen. Er tauchte in die Luft ein, atmete auf. Auch das bedeutete die kurze Atempause.

Überhaupt bestand nun alles aus drei sich überschneidenden Ebenen. Irgendwo, in unerreichbarer Ferne, schimmerte jenes andere Leben … Es war uns äußerst unbequem vorgekommen, als wir es noch lebten; jetzt aber war es wie ein Märchen: Wasser, das aus der Leitung kam; Licht, das anging, wenn man auf einen Knopf drückte; Essen, das man sich einfach kaufen konnte ... Daneben existierten noch die Erinnerung an den Winter und die Trägheit des Winters ... Und es existierte die Atempause. Eine Atempause, die in ihrer Unbeständigkeit traurig und nervös war.

Nun überschneiden sich Dinge und Gesten, die zu den verschiedenen Ebenen gehören. Aus jenem anderen Leben stammen die Radierung über dem Bücherregal und auf ihm der Tonkrug von der Krim – ein Geschenk. Die Frau, die ihm diesen Krug geschenkt hatte, war nun auf dem »Festland«, wie man hier den von den Deutschen nicht besetzten Teil der Sowjetunion nannte, und die Erinnerung an sie wurde für N. unverbindlich und vage. Im Winter, als das Chaos völlig die Oberhand gewann, schienen die Vase und sogar die Bücherregale zur selben Kategorie zu gehören wie die Prachtbauten der reichen Kaufmannsfamilie Pogankin in Pskow oder die Ruinen des Kolosseums; es schien, als würden sie nie mehr eine praktische Bedeutung erhalten (deshalb war es auch nicht weiter schlimm, sie zu zerbrechen oder zu zerhacken). Schließlich begannen die Dinge ihren eigentlichen Zweck langsam wiederzuerlangen. N. konnte sich daran auch nur langsam und voller Mißtrauen gewöhnen. Ähnlich war es mit dem Ausziehen der Filzstiefel gewesen. N. hatte seine Filzstiefel überhaupt nicht mehr ausgezogen; irgendwie hatte er sich eingebildet, daß ein Mensch ohne Filzstiefel nicht mehr existieren könne. Bis zum Matschwetter, bis es wirklich nicht mehr anders ging, hatte er es hinausgezögert. Und schließlich tauschte er seine schiefgetretenen, hart gewordenen Filzstiefel gegen kaum getragene Schuhe aus, die noch wie neu knarrten. Seltsamerweise wunderte sich in seinem Bekanntenkreis niemand darüber. Für N. aber war es eine wichtige und denkwürdige Tatsache: er hatte die Möglichkeit entdeckt, den Dingen ihren ursprünglichen Sinn zurückzugeben. Noch hatte er kaum etwas gelesen, aber die Regale, die sich über einem Wirrwarr hin- und hergerückter Stühle, über den leeren und vollen Konservenbüchsen auf dem Schreibtisch erhoben – sie boten sich bereits wieder an, ihren Zweck zu erfüllen. Und auch die mechanische Handbewegung, mit der N. vor dem Schlafengehen die Uhr aufzog und sie vorsichtig auf einen Stuhl neben das Sofa legte (im Winter war diese Uhr nicht gegangen – das Uhrwerk war eingefroren), stammte ganz und gar aus jenem anderen Leben. Daher rührte die Hast, mit der sich die Menschen nun alles bis zum letzten Kleidungsstück herunterrissen, wenn sie sich schlafen legten – auch sie gehörte zur Atempause. Gierig und nervös genossen sie diesen vorübergehenden Zustand vor dem zweiten Winter; der Mut reichte nicht aus, an ihn zu denken; sie reagierten damit auf das Wintertrauma der nicht ausgezogenen Kleidung.

Kaum aufgestanden, muß er unbedingt ans Fenster treten. Es war eine viele Jahre hindurch unveränderte Geste der neuerlichen Kontaktaufnahme mit der Welt. Im Hintergrund ragen Bäume über den Gitterzaun der Grünanlage, vor der Kurve – die Straßenbahnhaltestelle, wo jetzt Ziegel und Balken aufgetürmt liegen. Die Straßenbahnhaltestelle hat einen neuartigen Klang. Die dort abgeladenen Balken quellen auf und krachen wie Artilleriegeschosse; wenn dann eine Laststraßenbahn um die Kurve biegt, klingt es wie Fliegeralarm. Die Menschen an der Haltestelle sehen klein und emsig aus. Sie gleichen einer Horde Schüler auf dem Pausenhof. Es ist erstaunlich, daß auch Professoren und Ärzte darunter sind, die von den Vorarbeitern, ihren Schülern und Patienten, schüchtern beaufsichtigt werden.

Im letzten Jahr hatte der jahrelang geübte allmorgendliche Blick aus dem Fenster einen neuen Sinn bekommen – er wurde zur Frage an die Welt und zum Warten auf eine Antwort. Die Welt konnte in jenen Tagen alles Mögliche, selbst das Allerschlimmste in sich bergen; und man wünschte sich von ihr möglichst viele Anhaltspunkte für den weiteren Verlauf der Dinge, die sich in ihr zutrugen. Eine Straßenbahn war ähnlich beruhigend wie die Stimme des Ansagers, der einen weiteren Rundfunksender aufzählte. Es existierte ein Zentrum, das die roten Straßenbahnwagen unsichtbar steuerte. Die Wagen fuhren, also funktionierte das Zentrum. Die Schienen gingen aus ihm hervor und liefen wieder zu ihm zurück. Jeder Wagen war durch seinen Strombügel mit dem Zentrum verbunden, zentralisiert. N. schob den Vorhang zur Seite und verfolgte erleichtert, wie ein schäbiger roter Wagen quietschend um die Ecke bog, dem Zentrum gehorchend, den Schienen folgend, mit seinem Strombügel an der Leine.

In der Stunde der morgendlichen Kontaktaufnahme erschien die Welt klar in ihrer Doppelfunktion – feindselig und schützend zugleich. Alles, was die Menschen bedrückte, was sie forttrieb und verbitterte, was schmerzte – es schützte zugleich vor dem Bösen oder hielt es doch fern. Es diente als physischer Schutz, als letzte Zuflucht, als ein Schlupfloch inmitten der Angst vor der seelischen Isolation.

So also hatte die Welt beim ersten Blick aus dem Fenster vor einem Jahr ausgesehen. Dann folgten lange Monate, in denen die Welt aus den Fenstern, die sich mit einer Eisschicht überzogen hatten, verschwand.

In jenem Winter hatte man niemals Ruhe gefunden. Nicht einmal nachts. Man sollte meinen, der Körper müsse wenigstens nachts zur Ruhe kommen. Doch genaugenommen ging der Kampf mit dem Körper selbst im Schlaf noch weiter. Nicht etwa, weil die Menschen ohne Unterlaß gefroren hätten – allzu hoch war der Kleiderberg, den sie über sich aufgetürmt hatten. Doch gerade deshalb kämpfte der Körper weiter. Der Kleiderberg lastete schwer auf ihm, ja, schlimmer noch: die Kleidungsstücke rutschten und fielen wieder auseinander. Eine gewisse unmerkliche, doch letzten Endes ermüdende Anstrengung der Muskeln war erforderlich, um diesem Kleiderberg Halt zu verleihen. Man mußte sich dazu erziehen, bewegungslos und konzentriert zu schlafen und zugleich das Bein, das den Berg stützte, auf eine ganz bestimmte Art anzuwinkeln. Andernfalls konnte es geschehen, daß plötzlich alles erbarmungslos und unaufhaltsam zu Boden rutschte. Dann mußte man in Dunkelheit und mörderischer Kälte die Kleidungsstücke aufs neue zu einem schwankenden, unförmigen Berg auftürmen. Man durfte im Schlaf weder seine Arme ausstrecken, noch die Knie unter der Bettdecke anheben; ebensowenig durfte man sich – hatte man sein Gesicht in die Kissen vergraben – unvermittelt umdrehen. Körper und Nerven kamen also niemals völlig zur Ruhe.

In ihren Wohnungen kämpften die Menschen wie erfrierende Polarforscher um ihr Leben. Morgens wachten sie in jener Kuhle oder Höhle auf, die sie sich im Laufe der Nacht aus allen Kleidungsstücken gebaut hatten, die sich irgendwie überziehen ließen. Sie wurden zwischen vier und fünf Uhr wach. Während der Nacht hatten sie es geschafft, Wärme zu atmen. Doch ringsum erwartete sie Kälte, die sie den ganzen Tag ohne Unterlaß quälen würde. Und dennoch warteten die Menschen voller Ungeduld – weniger auf den Morgen, denn der Morgen (das Tageslicht) war noch fern –, sie warteten auf den Anlaß, aufzustehen, warteten auf den Beginn des neuen Tages, das heißt, sie warteten, bis es sechs Uhr war und die Geschäfte und Bäckerläden öffneten. Allerdings machten sich längst nicht alle schon gegen sechs Uhr auf den Weg zum Bäckerladen. Viele versuchten vielmehr (solange ihre Kraft dafür ausreichte), den Augenblick, in dem sie ihr Brot bekamen, vor sich her zu schieben. Aber sechs Uhr, das war eine beruhigende Zeit, die an neue Möglichkeiten denken ließ. Auf seine Art war es sogar der schönste Augenblick – das ganze Brot lag noch vor einem, und dennoch war es bereits eine erreichbare Realität des beginnenden Tages. Die Ungeduld des Hungers bezwang die Angst vor der Kälte. Sie trieb die Menschen aus der vom Atmen warm gewordenen Höhle in den Frost des eigenen Zimmers. Das Aufstehen fiel leicht, leichter als in jenem anderen Leben, als den Menschen noch ein Frühstücksei, an das nun nicht mehr zu denken war, erwartet hatte. Überdies war das Aufstehen jetzt unkomplizierter. Man schlief fast ohne sich auszuziehen; man brauchte nur rasch in die Filzstiefel, die vor dem Bett lagen, zu schlüpfen.

Der typische Blockadetag begann damit, daß man in die Küche oder auf die dunkle Treppe hinausging, um den Tagesvorrat an Kleinholz oder Spänen für die Wremjanka, den kleinen eisernen Ofen, zu spalten. Die Nacht war kaum dem Morgen gewichen, und durch die zerbrochene Scheibe des Treppenhausfensters sahen die gelben Wände der gegenüberliegenden Häuser noch dunkel aus. Man mußte tasten, wenn man Holz spaltete, vorsichtig das schräg angesetzte Beil in das Scheit einschlagen, dann aber gleich fest zuschlagen. Ganz schwach waren die Hände. Die verkrümmten Finger erstarrten in irgendeiner zufälligen Haltung. Die Hand hatte die Fähigkeit zu greifen verloren. Sie ließ sich nur noch wie eine Pfote, wie ein Stumpf, wie ein stielförmiges Werkzeug benutzen. In der Dunkelheit tastete der Mensch rings um sich her und raffte die auf dem steinernen Treppenabsatz verstreuten Späne zusammen; er preßte den Haufen Späne zwischen seine beiden Stümpfe und warf sie in den Korb.

Danach mußte man noch das Wasser aus dem vereisten Keller holen. Die Stufen, die zur Waschküche des Hauses führten, waren mit einer Eisschicht überzogen, und die

Menschen gingen in die Hocke und rutschten diesen Abhang hinunter. Dann kletterten sie wieder nach oben, trugen mit beiden Händen den Eimer vor sich her und setzten ihn ab, sobald sie eine ebene Stelle fanden. Auf seine Art war es eine alpine Klettertour.

Ohne jedes technische Hilfsmittel mußte der Widerstand der Dinge allein durch die Kraft des eigenen Willens und des eigenen Körpers bezwungen werden. Der Mensch stieg mit seinen leeren Eimern die Treppe hinab, und durch das zerbrochene Fenster konnte er die sich verengende Weite des Hofes sehen, der mit gefüllten Eimern bezwungen werden mußte. Das unvermittelte Spürbarwerden dieses Raumes, seine physische Existenz, rief Schwermut hervor. Seltsam – dieses Wasser, das wie Blei an Armen und Schultern zerrt, das einen zu Boden drückt, dieses Wasser kann auch flink und leicht durch Rohre fließen und ohne jedes Zutun Stockwerke überwinden. (Überhaupt ist es seltsam, daß klares, schnellfließendes Wasser auch bleischwer sein kann.) Die Wasserleitung – sie entspringt dem menschlichen Denken; sie ist der Organisation, der Zentralisierung geweiht; sie bedeutet eine Verbindung zwischen den Dingen, die über das Chaos triumphiert. Die janusköpfige Welt zeigt dem Menschen ihr freundliches Gesicht. Doch die Technik, die Verbindung zwischen den Dingen ist das Werk aller Menschen. Dieselbe Welt, die dir die Technik geschenkt hat, fordert nun dein Leben – damit das Wasser wieder durch Rohre fließt, damit es wieder Licht gibt, das einem kleinen Knöpfchen gehorcht.

Auf den unteren Treppenstufen kann man mit seinen vollen Eimern ein wenig rasten. Der Mensch wirft seinen Kopf in den Nacken und mißt die zu erklimmende Höhe. Ganz oben hängt an der Decke eine alabasterne Stukkatur. Diese Stukkatur paßt zur rechtwinkligen Zickzacklinie der freischwebenden Treppe. Ja, es zeigt sich, daß eine Treppe tatsächlich frei in der Luft schwebt (genau betrachtet ist das sehr beängstigend) und nur durch eine unsichtbare Verbindung mit dem Haus getragen wird. Der Mensch wirft den Kopf in den Nacken und fühlt den sich ausdehnenden Raum des Treppenhauses voraus, den er nun mit Hilfe seiner Willens- und Körperkraft mit dem bleischweren Wasser durchqueren muß.

Im Verlauf des Tages hat man noch viele verschiedene Räume vor sich. Der wichtigste ist jener, der einen vom Mittagessen trennt. In der Behördenkantine bekommt man immer noch das beste Mittagessen, weil dort die Kascha am ehesten nach Kascha schmeckt. So läuft er zum Mittagessen bei Frost quer durch die Stadt, die im knirschenden Rauhreif wie zum Hohn schön wirkt. An seiner Seite und ihm entgegen laufen (oder kriechen – eine Zwischenstufe gibt es nicht) Menschen mit Aktentaschen, Eßgeschirr oder Einkaufsnetzen, die an den Enden ihrer steifen Arme baumeln. Die Menschen laufen durch den Frost und überwinden dergestalt den sich vergegenständlichenden Raum. Besonders Belesene erinnern sich dabei noch an Dante, an jenen Kreis von Dantes Inferno, in dem die Kälte regiert. Auch in der Kantine ist es noch so kalt, daß die Finger nach der Kälte draußen nicht gelenkiger werden, man muß seinen Löffel zwischen den Daumen (den einzigen Finger, der sich noch bewegen läßt) und den gefrorenen Stumpf klemmen.

Auch das eigentliche Mittagessen bedeutet die Überwindung verschiedener Räume; es sind kleine Räume, die sich durch das Schlangestehen qualvoll verdichten. Eine Schlange vor der Tür, eine Schlange vor dem Kontrolleur, eine Schlange vor den Sitzplätzen am Tisch. Das Essen selbst – etwas Flüchtiges und Vergängliches (ein Teller Suppe, soundsoviel Gramm Kascha) – wurde künstlich hypertrophiert und nach den klassischen Prinzipien der Sujetführung retardiert. Fragte man die Menschen: »Was machen Sie da eigentlich?«, bekam man zur Antwort: »Wir essen zu Mittag.«

Eine Zeitlang gab es häufig kurz hintereinander Fliegeralarm. War man gerade auf dem Weg zum Mittagessen, mußte man entweder in Kellern Schutz suchen oder sich unter dem Donner der Flak und den Pfiffen der Miliz seinen Weg bahnen. Und die Menschen haßten den Milizionär, der sie vor den Bomben rettete, den Bombenangriff selbst betrachteten sie nur als ein Hindernis mehr auf ihrem Weg zum Mittagessen. Manch einer ging gegen elf Uhr vormittags los (um diese Zeit war es gewöhnlich noch ruhig) und kam erst zwischen sechs und sieben abends zurück.

Manche brachten irgend etwas für die zu Hause Gebliebenen mit (falls dort noch jemand lebte). Zu Hause war es völlig dunkel. Man heizte die Wremjanka an, und beim Schein des qualmenden Öfchens goß man die mitgebrachte Suppe aus der Blechbüchse in einen Kochtopf und schnitt die vierzig Gramm Brot in winzige Scheiben. Dann rückte derjenige, der aus der Außenwelt, in der er zu Mittag gegessen hatte, zurückgekehrt war, ganz dicht an das qualmende, glühende Ofentürchen und wärmte sich die Hände. Und solange der Tagesvorrat an Spänen nicht aufgebraucht war, ließ er sich durch nichts und niemanden von diesem Genuß abhalten. Im Zimmer, hinter seinem Rücken, klirrte der Frost, herrschte das Dunkel. Nur rings um das Ofentürchen gab es einen engen Kreis von Wärme und Licht. Einen Kreis des Lebens. Wärmen konnte man sich eigentlich nur die vorgestreckten Handflächen. Die Handflächen absorbierten die an ihnen vorbeistreichende Wärme. Das war ein unermeßlicher Genuß, der einem allerdings dadurch vergällt wurde, daß der Tagesvorrat an Spänen unaufhaltsam zur Neige ging.

Es war gerade jenes Warten auf das Ende, jenes Begreifen, daß die uns gegebenen Lebenskräfte unaufhaltsam zur

Neige gingen, das uns jegliche Freude, ja selbst das Gefühl, am Leben geblieben zu sein, vergällte. Die Blockade verdeutlichte diese Formel sehr plastisch. Sie veranschaulichte das immer wieder beginnende Streben nach stets aufs neue scheiternden Zielen: es war ein geschlossener Kreis, in dem man seine Runden drehte.

Ob es irgendwelche Kräfte gab, die die Menschen von einer quälenden Handlung zur nächsten trieben? Nein, dafür waren keine besonderen psychologischen Kräfte erforderlich. Jegliches Leiden – das Eßgeschirr im Frost oder die Eimer auf der Treppe – bedeutete zugleich eine Erlösung von noch schlimmerem Leid, es war ein Ersatz für das Böse. Ein Ertrinkender, der noch strampeln kann, ist zum Strampeln nicht zu faul, er schämt sich auch nicht dafür. Es ist diese Verdrängung eines Leidens durch ein neues, es ist diese unsinnige Zielstrebigkeit der Unglücklichen, durch die sich erklärt (ein Phänomen, das ein oberflächlicher Mensch nur schwerlich begreifen wird), weshalb Menschen in Einzelhaft, unter Zwangsarbeit, in größter Armut und Erniedrigung leben können, während sich ihre Mitmenschen in komfortablen Einfamilienhäusern ohne ersichtlichen Grund eine Kugel in den Kopf jagen. Das Leiden strebt unablässig danach, sich selbst durch ein anderes, ein Ersatzleiden zu beseitigen. Aus den Zielen, Interessen und Impulsen des Leidens ergibt sich eine Abfolge unumstößlicher Handlungen, die sich selbst immer wieder erneuern und dabei dem Willen gar nicht mehr zur Last fallen. Die Willenskraft reicht jedoch nicht aus, um diese Abfolge zu durchbrechen und eine neue Geste, die nicht durch das Leiden bestimmt wäre, in sie zu integrieren. So schloß sich im Winter der Kreis eines Blockadetages. Und diese endlose Kreisbewegung setzt sich auch während der sommerlichen Atempause noch fort; erst allmählich läßt sie nach. Die Menschen tragen diese Bewegung wie ein Trauma in sich.

Jetzt, während der Atempause, da die Leidensimpulse weniger stark und zwingend sind, ist sogar noch mehr seelische Kraft notwendig, um die Anforderungen des täglichen Lebens zu meistern. Dafür brauchen wir jetzt nicht mehr krampfhaft nach jedem Quentchen Essen, Wärme oder Licht zu suchen. Zum Teil nimmt das Laufen im Kreis den Charakter einer Lebensordnung an. Für viele war es ein stets unerreichbarer Traum gewesen, ihr Leben und Arbeiten zu ordnen. Die Kraft hatte nicht gereicht, das Leben zu entrümpeln. Doch nun befreite man sein Leben von allerlei Plunder, von mancherlei Ersatzstoffen und Täuschungen, von Unstimmigkeiten in der Liebe, von den Belastungen durch einen zweiten oder dritten Beruf, von der quälenden Ruhmsucht, die die Menschen dazu gebracht hatte, sich Aufgaben zu stellen, denen sie überhaupt nicht gewachsen waren; schließlich standen die Altersgenossen und Freunde doch auch ihren Mann, und das ließ die Menschen natürlich nicht ruhen. Nun hatten wir, die wir so viel Zeit verloren hatten, auf einmal Zeit, die unausgefüllt und dennoch keine Muße war.

Auch N. hatte ein Leben lang von einer Ordnung seiner täglichen Arbeit geträumt und sogar geglaubt, daß sich diese Ordnung nur wegen seiner Gewohnheit, spät aufzustehen (eine typische Gewohnheit aller Leningrader, die nicht zum Frühdienst müssen), nicht finden ließ. Alles fing immer damit an, daß der Morgen schon verloren war, das schöne Gefühl, noch einen ganzen, noch unverbrauchten, gerade erst beginnenden Tag vor sich zu haben, war bereits unwiderruflich verpatzt. Da also sowieso schon alles verpatzt war, atmete N. erleichtert auf und ließ alles weitere einfach auf sich zukommen. Jetzt hingegen trat der unlösbare Zusammenhang von Ursache und Wirkung der Impulse und Handlungen grausam offen zutage. Um sechs Uhr wachte er auf, weil er, wie alle in der Stadt (insofern sie keinen Dienst hatten), schon früh zu Bett ging, und er stand dann unverzüglich auf, weil er etwas essen wollte oder doch fürchtete, das Verlangen nach Essen würde sich bald einstellen. Von früh an machte er sich an die Arbeiten im Haushalt – diese Dinge nicht zu tun, sie aufzuschieben, würde den Tod bedeuten. Er ging in die Redaktion, in der er arbeitete, da man ihn wegen seiner extremen Kurzsichtigkeit weder zur Armee noch zur Reserve einberufen hatte. Zur festgesetzten Stunde ging er in seine Kantine, denn das Mittagessen, das man dort möglicherweise ohne Lebensmittelmarken bekommen konnte (in dieser Kantine kam das manchmal vor), durfte man keinesfalls versäumen. Nach dem Mittagessen kehrte er in die Redaktion zurück, wo es noch viel zu tun gab. Schließlich ging er nach Hause, weil ihm ja noch sein Abendessen zustand, und wohin hätte er auch sonst gehen sollen. Tanja hatte man evakuiert, nachdem sie über die Tatsache, daß sie sich evakuieren läßt, er dagegen zurückbleibt, alles gesagt hatte, was zu sagen war (er hatte sie selbstverständlich überredet, sich evakuieren zu lassen), es ist ja gar nicht, weil ... sondern im Gegenteil, weil ... Seine Freunde und Kollegen waren an der Front oder gleichfalls evakuiert. So aß er zu Abend und ging unverzüglich zu Bett, denn er war seit sechs Uhr auf den Beinen, und um zehn war er müde.

Aber diese präzise und unantastbare Lebensweise, die im wesentlichen durch die Triade der Mahlzeiten bestimmt wurde, war noch keine Ordnung, sondern nur das leblose Schema einer Ordnung. Eine Ordnung erfüllt einen bestimmten Zweck. N. kannte die von der Dystrophie herrührende fixe Idee, seine Kräfte wiederherstellen zu müssen; durch sie wurde alles Mögliche motiviert, namentlich die völlige Unterordnung der Zeit unter das dreimalige Essen. Aber mittlerweile stellte er sich bereits die Frage: Wozu soll man seine Kräfte eigentlich wiederherstellen? Er hätte sich das nicht gefragt, wenn er gekämpft oder in der Fabrik an der Werkbank gestanden hätte. Aber er stand an der Peripherie des Krieges, die sich, obwohl sie mit der Front fast eins geworden war, von der Front durch eine besondere Qualität der Unfreiheit unterschied. In der peripheren Welt war einstweilen alles nur negativ. Selbst die Arbeit. Selbst die nützlichste Arbeit in der Etappe ist noch Bestandteil ein und desselben Kreises, zu dem auch das Essen gehört oder die Sorge um Feuer und Wasser. Eine mühsame Anstrengung des Willens, der sich an eine monotone Abfolge von Gesten gewöhnt hatte, war erforderlich, um irgendwo, an irgendeiner Stelle, diesen Kreis zu durchbrechen und ihn um eine *Aktion* zu erweitern. Wenn ein Mensch fähig ist zu schreiben, hat er dann nicht die Pflicht, über all diese Dinge und ihre Ursachen zu schreiben? Irgendwie finden sich ja vielleicht nach der Arbeit im Haushalt anderthalb Stunden (mehr vergönnt einem die Kreisbewegung des dystrophen Lebens nicht), um etwas zu schreiben. Dann würden sich auch alle anderen Phasen des Tages mit neuem Leben erfüllen, sie würden sich auf diese Stunde hinbewegen und sich in einer hierarchischen Ordnung um sie herum strukturieren.

Wenn er morgens die Arbeiten im Haushalt erledigt, könnte er ja versuchen, sich Gedanken zu machen, vielleicht während er den Koteimer nach draußen bringt oder die Wremjanka putzt. Oder auf dem Weg zum Bäckerladen oder zum Mittagessen. Beim Schlangestehen kann man nicht nachdenken, ebensowenig wie man nach dem Mittagessen fähig ist, etwas zu denken oder zu schreiben. Das ist die Zeit, in der die Willenskraft verfällt. Gegen Abend wird es dann wieder leichter. In den Stunden der tiefen Schwermut, die sich nach dem Mittagessen einstellt, sollte man versuchen, überhaupt nicht zu denken. Da ist es besser, in der Redaktion zu sitzen, zu arbeiten (schlecht geht es jenen, die nicht arbeiten, sondern nur essen und hungern) und dabei zerstreut auf die Stimmen der Arbeitskollegen zu hören (wie gut, daß ringsum Stimmen sind!).

Ja, aber ist es überhaupt notwendig, etwas zu schreiben? Ist das denn jetzt noch notwendig? Oder gibt es nur noch eine einzige Möglichkeit zur »Aktion« – an die Front! Sich mit den Deutschen schlagen ... Und alles andere taugt nichts?

Außerdem wird es für jemanden, der mit eigenen Augen gesehen hat, worüber die Schreibenden schreiben wollten, wohl immer überflüssig bleiben, daß jemand darüber schreibt, ganz gleich worüber ... Doch das Gedächtnis verbietet, einfach aufzugeben; es ist ebenso beharrlich wie das Vergessen. Durch die stete Erneuerung der Kräfte, der Wünsche und Irrtümer wirkt das Vergessen lebenserhaltend. Es läßt das Leben zu den unentbehrlichen Nichtigkeiten zurückkehren – selbst dann noch, wenn körperliche und geistige Qualen so unermeßlich waren, daß eine solche Rückkehr nicht mehr möglich schien.

Der elastische Stoff des Lebens dehnt sich, er spannt sich bis zum äußersten; doch plötzlich läßt die Anspannung nach, und kaum losgelassen, schnellt der Gummi zurück und nimmt seine ursprüngliche Form und Gestalt wieder an. Was sich dem Menschen in Grenzsituationen erschließt – es verschließt sich auch wieder. Andernfalls hätten beispielsweise die Menschen unserer Generation längst die Fähigkeit verloren, weiterzuleben.

Es ist nicht die metaphysische Substanz, nicht das in sich geschlossene Wesen des 19. Jahrhunderts, sondern der unaufhörliche Wechsel von Situationen, durch den bestimmte Reaktionen und Reflexe ausgelöst werden. Und dennoch prägt sich innerhalb jeder einzelnen Situation ein bestimmtes, relativ beständiges System biologischer und sozialer Werte aus, die untereinander eine einzigartige – und dabei doch typische Form des Zusammenhanges (ihren einmaligen Charakter) annehmen, und da wundern wir uns noch, bald über die Unverbesserlichkeit des Menschen (er hat nichts vergessen und nichts gelernt), bald über seine Unbeständigkeit. Indessen sind beide Prinzipien gemeinsam wirksam. Das beständige System paßt sich unaufhörlich dem Wechsel der Situationen an und strebt zugleich unaufhörlich seinem Ausgangszustand zu.

Tolstoj kannte die Umkehrbarkeit von Grenzsituationen. Er wußte, daß der Himmel über Austerlitz nur einen Augenblick lang aufreißt; daß aus Pierre zwischen der Mündung eines französischen Gewehrs und der Zarenkasematte wieder ein liberaler Gutsbesitzer würde.

Aber damals dachten wir doch, daß ... Selbstverständlich dachtet ihr damals: Werden wir denn nach alledem je wieder fähig sein, einfach nur miteinander zu plaudern, zum Beispiel über einen lyrischen Helden ... Ja, so dachtet ihr ... Aber weshalb und von wem wurde denn festgeschrieben, daß die Dystrophie Realität, ein normales Leben aber bloße Sinnestäuschung sei? Daß man nicht an Sinnestäuschungen Gefallen finden kann, hat man erst einen Blick auf die Realität geworfen?

Achten wir also auch das Gesetz des Vergessens, das zu den Grundpfeilern des sozialen Lebens gehört; gemeinsam mit dem Gesetz des Erinnerns, den historischen und den künstlerischen Gesetzen, den Gesetzen von Schuld und Reue. Alexander Herzen hat dazu einmal gesagt: »Wer überlebt hat, der muß auch die Kraft haben, sich zu erinnern.«

Wenn N. erst gierig über seine freie Stunde herfällt, wird sie ihm vielleicht sogar zu kurz erscheinen. Er wird dann mühsam jede einzelne Stunde des sich drehenden Tages durchforsten, um irgendwo noch ein halbes Stündchen, noch zwanzig Minuten mehr aufzutreiben. Mit dem Gefühl der verlorenen Zeit beginnt der Genesungsprozeß. Die Genesung beginnt, sobald man sich zum ersten Mal bewußt macht: Vierzig Minuten Schlangestehen, nur um eine kaffeeähnliche Brühe mit Sacharin zu bekommen, sind zuviel.

Doch einstweilen sind das bloße Träumereien. Einstweilen geht es praktisch nur darum, die Arbeiten im Haushalt zu rationalisieren. Sich von den Krampfbewegungen zu befreien und eine Bewegungsautomatik zu finden. Automatik bedeutet, eine Aufgabe korrekt zu lösen, sowohl die Muskeln als auch der Intellekt können spüren, wie exakt diese Lösung ist. Es gelingt ihm nun immer häufiger, eine korrekte Bewegung zu nutzen – um den Eimer hochzuheben, um ein Brett zu zersägen, allein oder auch zu zweit. Das Sägen stellt eine besonders untrügliche Prüfung der Bewegung dar. Wenn es gleichmäßig und ohne Drücken gelingt, wenn das eingeklemmte Blatt der Säge, die sich gequält mit all ihren Zähnen festgebissen hat, plötzlich wieder in Fluß kommt, dann ist es nicht mehr der Mensch, der die Säge führt, sondern sie selbst ist es, die mühelos die Hand nach sich zieht. Und wie das Funktionieren eines jeden zuverlässigen Mechanismus offenbart sich auch der fließende Lauf der Säge in einem zuverlässigen Geräusch – in ihrem gleichmäßigen, breiten Singen. Plötzlich achtet der Mensch auf seine Körperhaltung, und er spürt, daß dies tatsächlich die Haltung eines Sägenden ist; daß er genau so vornüber gebeugt dasteht, das eine Bein vorgeschoben, das andere mit gebeugtem Knie. Er hat die Körperprojektion des Vorgangs entdeckt, und er empfindet darob Befriedigung.

Das Kleinholz für die Wremjanka muß morgens für den ganzen Tag gehackt werden. Und wenn dabei das Beil nicht hängenbleibt, sondern ein kräftiger Schlag genau die richtige Stelle trifft, wenn sich so das dürre Holzscheit leicht in zwei Hälften spaltet – dann macht das Freude. Keine Freude macht es dagegen, für die Wremjanka Möbel zu zerhacken, wohlbekannte Armlehnen, Schnitzereien und Metallbeschläge unter dem Beil zu sehen und dabei die Form eines zierlichen Stuhlbeins oder einer kleinen Schublade zu fühlen. Es ist so ähnlich wie mit jener Hausfrau, die zunächst befiehlt, ein Huhn zu schlachten, das man im Hause großgezogen hat, und es dann lieber als Hühnerschnitzel auf den Tisch bringt: die Form eines Flügels oder einer Keule hätte sie beunruhigt.

Danach muß man unbedingt den Unrat nach draußen bringen. Das ist eine lebenswichtige Angelegenheit, und N. nimmt sie dementsprechend ernst. Er wendet sich ein wenig ab, als wollte er versuchen, eine Distanz zwischen dem stinkenden Eimer und sich selbst aufzubauen. Dieses erste tägliche Hinaustreten auf die Straße hat aber auch seinen Reiz. Es ist ein Hinaustreten aus dem von der gähnenden Leere der Wohnung umzingelten Zimmer, ein Hinaustreten aus jenem Zimmer, in dem die Isolation und das nicht völlig unterdrückte Chaos herrschen. Ein Hinaustreten in die objektiv existierende Welt ...

Im Sommer 1942 waren nur noch wenige Menschen in der Stadt, nur ganz wenige Fabriken waren in Betrieb, und die Leningrader Luft war ungewohnt sauber. N. betrachtete den Granitbogen der Ufermauer, das verzierte Gitter und hinter dem Gitter das Wasser, das vor lauter Unrat seine ursprüngliche Farbe verloren hatte und nur noch träge dahinfloß. Irgendwie erinnerte einen diese Morgenstunde an das Leben auf dem Lande – weil es ein so ungewöhnlicher Stadtsommer war mit seiner seltsam sauberen Luft, weil es leer war und still, weil die Menschen beinahe barfuß mit ihren Eimern nach draußen kamen.

N. hebt seinen Eimer über das Gitter und kippt den Inhalt eilig und ohne hinzusehen ins Wasser. Ein Gefühl der Erleichterung ... Das Gefühl der Erleichterung verschmilzt für einen Augenblick mit der Leichtigkeit des Lebens. Der

Wind spielt in seinen Haaren. Plötzlich durchzieht seinen Körper die deutlich spürbare Erinnerung an die Dorfstraße, an die Apfelbäume hinterm Zaun. Als Junge hatte er dort immer den Sommer verbracht; jeden Morgen hatte ihn seine Mutter zu den Nachbarn geschickt, um Milch zu holen. Barfuß läuft er durch den Staub; vorsichtig, um nichts zu verschütten, hält er den Krug mit der Milch in seinen Händen. Das Entscheidende dabei ist die Gleichzeitigkeit der Empfindungen: die nackten Füße stapfen durch den sanften Straßenstaub, und in den Händen spürt man den sonnenwarmen Tonkrug.

Ja, er hatte schon immer das herrliche Zusammenspiel der Natur geliebt. Nicht jener Natur, die man mit Vorliebe betrachtet, sondern einer Natur, die in allem, was der Mensch tut, stets gegenwärtig ist, die immer daran teilhat. Wie gut ist es, zum Fluß hinunterzugehen, um sich zu waschen; mit den Füßen im Wasser zu stehen und sich dabei die Zähne zu putzen, und durchs Wasser flutet das Sonnenlicht, am nahen anderen Ufer aber flüstert und rauscht das Laub der Bäume.

Als nächster Punkt des exakt festgeschriebenen Tagesplans folgt der Gang in den Bäckerladen oder, falls es gerade einmal eine Zuteilung gibt, ins Geschäft. Straßenbahnen fahren vorüber, die Menschen gehen zur Arbeit oder ins Geschäft. Doch so seltsam das auch scheinen mag: die Stadt wirkt nach wie vor still und aufgeräumt. Warm glänzt der Asphalt im Licht der noch tiefstehenden Sonne. Es ist gut, ja, es ist richtig, daß die gefegten Straßen der ganze Stolz der Stadt sind, auch wenn links und rechts zerbombte Häuser stehen; denn dergestalt können die Dinge ihren sozialen Kontext wiedererlangen und auch behalten.

Die Wege, die täglich zurückgelegt werden müssen, führen an Häusern vorbei, die auf völlig unterschiedliche Weise zerbombt wurden. Da finden sich aufgerissene Häuser, die eindringlich an eine Konstruktion von Meyerhold erinnern. Da finden sich aufgerissene bunte Zimmer mit unversehrten runden Öfen, die in der Farbe der Wände gestrichen sind; Zimmer mit unversehrten Türen, die manchmal noch einen Spalt offenstehen. Schreckliche Attrappen sorgfältig gearbeiteter Türen, die ins Nichts führen. Diese aufgerissenen Häuser legen das System ihrer Stockwerke, die dünnen Trennschichten der Fußböden und Zimmerdecken frei. Verwundert beginnt der Mensch zu begreifen, daß er in der Luft schwebt, wenn er zu Hause in seinem Zimmer sitzt; daß andere Menschen ebenso über seinem Kopf und unter seinen Füßen schweben. Eigentlich weiß er das ja, er kann schließlich hören, wie über ihm Möbel hin- und hergerückt werden, sogar, wie man Brennholz hackt. Aber das alles ist abstrakt, ähnlich unvorstellbar wie die Tatsache, daß wir auf einer Kugel, die sich um ihre eigene Achse dreht, durch das All jagen. Jedem will es scheinen, als ob der Fußboden seines Zimmers auf der festen, nur durch die Dielen verdeckten Erde stünde. Nun aber trat die Wahrheit mit schwindelerregender Anschaulichkeit zutage. Es finden sich auch durchsichtige Häuser, von denen nur noch die Fassade steht. Der ehemals dahinterliegende dunkle, tiefe Raum ist nun aufgerissen und leuchtet durch die Fassade. Durch die leeren Fensterhöhlen der oberen Stockwerke kann man den Himmel sehen. Da finden sich Häuser, es sind vor allem die kleineren, deren Dachstuhl eingestürzt ist; darunter liegen nun Balken und Bretter begraben. Sie hängen windschief herunter, und es sieht aus, als wollten sie immer nur weiter einstürzen, endlos in die Tiefe stürzend wie ein Wasserfall.

Man fand eine neue Beziehung zu den Häusern. Die Menschen begannen über die Häuser zu sprechen und über sie nachzudenken. Das Haus war zu einer wahrnehmbaren

Teileinheit der Stadt geworden. Früher hatte die aus undifferenzierten Fassaden bestehende Straße diese Einheit gebildet. Die unachtsamen Menschen bemerkten plötzlich, woraus sich ihre Stadt zusammensetzte. Sie bestand aus vereinzelten Parzellen der einzigartigen Leningrader Schönheit, jenen wundervollen Ensembles von Stein und Himmel, Wasser und Laub, außerdem aus Häusern der zweiten Hälfte des 19. Jahrhunderts, an denen die vorrevolutionäre Moderne gewisse Ergänzungen hinterlassen hatte, und schließlich aus den Kästen der ersten Jahre nach der Revolution. Wie talentlos war doch diese Architektur der zweiten Hälfte des vorigen Jahrhunderts mit der ihr eigenen Scheu vor Linienführung und Fläche, vor glatten Oberflächen und unausgefüllten Räumen, die sie veranlaßte, jedes freie Fleckchen mit irgendwelchem unsinnigen Stuck vollzustopfen. Nun sahen wir, wie an diesen Häusern der Putz bröckelte, wie sich feuchte, rostig-schlierige Stellen in der schlechten Farbe zeigten. Während der schweren Herbsttage schien ihr Inneres diese rostige Feuchtigkeit auszuschwitzen. Sie verhießen nichts Gutes.

Man fand eine neue Beziehung zu den Häusern. Jedes Haus war für die Menschen nun zugleich Schutz und Bedrohung. Sie zählten die Stockwerke, und ihre Rechnung war zweischneidig – durch wieviele Stockwerke waren sie geschützt, wieviele Stockwerke konnten aber ebensogut über ihnen zusammenbrechen. Wir lernten, auf das Volumen der Häuser zu achten, auf ihre Proportionen und auf das Material, aus dem sie gebaut waren. Man begann, das Haus analytisch wahrzunehmen. Es zerfiel in runde Gewölbe, Zwischendecken und Treppenhäuser, die wie riesige Käfige wirkten. Treppenhauskäfig – das klingt seltsam und unheimlich. Während die Menschen über die Hintertreppen ihrer Behausungen nach unten gingen, hielten sie Ausschau nach irgendwelchen Mauervorsprüngen oder Gerümpelecken, auf die sie bislang nie geachtet hatten. Jetzt konnten sie möglicherweise Deckung bieten. War es wohl besser, sich hier an die rechte, oder vielleicht besser, sich an die linke Wand zu drücken, falls etwas passierte? Bisweilen versuchte der Mensch auch, sich das Unvorstellbare vorzustellen: plötzlich stürzen die Mauervorsprünge und die über ihm hängenden Stufen tatsächlich ein, stürzen ihm auf den Kopf, auf die Brust. Der Treppenhauskäfig zerschmettert den Rippenkäfig ... Rippenkäfig – auch das klingt unheimlich und seltsam.

Während man das Haus analytisch wahrnahm, wurde im Gegensatz dazu die Wahrnehmung der Stadt eine synthetische. Die Stadt bestand nun nicht mehr aus einer Reihe zufälliger Kombinationen von Straßen, Häusern und Bussen. Die Stadt war zu einer synthetischen Realität geworden. Sie, die Stadt, ist es, die kämpft, die leidet und die Mörder zurückschlägt. Sie ist ein materieller Sammelbegriff. Wir lernen nun, die Stadt aus der Vogelperspektive oder wie auf einer Landkarte zu betrachten. Sie bildet ein stoffliches Ganzes, umgeben von einer sichtbaren Grenzlinie. Bewachte Tore unterbrechen diese Grenzlinie (wie jede menschliche Wohnstätte hat auch die Stadt Türen). Der Feind stürmt gegen diese Tore an; doch die Wachen an den Toren der Stadt lassen ihn nicht eindringen.

Nun empfanden wir auch wieder die einem Menschen unserer Zeit fremde Realität der Entfernungen innerhalb der Stadt, die durch Straßenbahnen, Busse und Taxis längst unsichtbar geworden waren. Der Grundriß der Stadt mit ihren Inseln, mit den Armen der Newa, mit ihrer Aufteilung in die einzelnen Stadtbezirke wurde augenfällig, denn als im Winter weder Straßenbahnen fuhren noch Telefone funktionierten, konnte es geschehen, daß Menschen, die einander kannten, monatelang auf der Wassiljew-Insel, im Wiborger oder im Petrograder Bezirk lebten, ohne einander zu begegnen, und sie starben, ohne daß einer vom anderen gewußt hätte.

Auch die einzelnen Stadtbezirke erlangten eine neue Qualität. Es gab Bezirke, die unter Artilleriebeschuß lagen, und solche, die bevorzugt aus der Luft angegriffen wurden. Über eine Brücke zu gehen bedeutete manchmal, einen Bereich mit neuen Möglichkeiten zu betreten. So gab es Randbezirke, die sich auf einen Sturmangriff vorbereiteten. Kurze Entfernungen konnten nun eine große Bedeutung haben. Die Flüsse der Stadt stellten militärische Objekte dar, wie auch die Brücken über die Flüsse mit den darauf in Stellung gebrachten Flakbatterien zu militärischen Objekten wurden. Die Flüsse trennten die einzelnen Stadtbezirke mit ihren jeweiligen Qualitäten voneinander. Sie waren nun potentielle Grenzlinien. Und ein Krieg innerhalb oder zwischen den einzelnen Bezirken lag durchaus im Bereich des Möglichen.

Mit dem Beginn des Krieges hatte die Stadt begonnen, sich mit ungewohnten Details auszustatten. Als erstes versah man die Fenster mit kreuzförmigen Klebestreifen (damit die Fensterscheiben nicht herausflogen). Diese Maßnahme war der Bevölkerung bereits in den ersten Kriegstagen empfohlen worden. Inmitten der unwiderstehlichen Schwermut jener ersten Tage, als sich die neuen Lebensformen noch nicht herausgebildet hatten, wirkte diese mechanische Tätigkeit beruhigend, sie lenkte von der Leere des Abwartens ab. Und dennoch hatte man dabei auch ein seltsames und qualvolles Gefühl, wie etwa beim Anblick eines vor Sauberkeit blitzenden Operationssaals, in dem noch keine Verwundeten versorgt werden, und doch weiß man genau, daß er sehr bald voll von ihnen sein wird.

Manch einer klebte die Streifen zu recht filigranen Mustern. Dergestalt bildeten die Fensterreihen mit ihren Klebestreifen ein Ornament. Bei Sonnenschein wirkten sie aus der Entfernung betrachtet sogar fröhlich. Sie ähnelten den geschnitzten Blumenornamenten, wie sie reiche Bauernkaten schmücken. Dieser Eindruck änderte sich jedoch, sobald man die Klebestreifen an den Fenstern der unteren Stockwerke bei schlechtem Wetter näher betrachtete. Das Gelb des durchweichten Papiers, die Kleisterflecke, die schmutzig hervortretenden Druckbuchstaben oder die schief abgerissenen Ränder – es waren Symbole des Todes und der Zerstörung, die sich nur noch nicht völlig entdeckt hatten und durch die kreuzförmigen Papierstreifen erst angedeutet wurden.

Später begann man Fenster und Schaufenster zu vernageln. Manche nagelten ihre Fenster zu, weil die Scheiben schon herausgeflogen waren, andere, damit sie nicht herausflogen. Teilweise benutzte man dafür neue, fast weiße Sperrholzplatten, manchmal auch ganz dunkle Bretter voller Astlöcher. Ein vernageltes Fenster ist ein Zeichen für eine verlassene Behausung. Doch im Herbst waren die Häuser noch nicht leer; drei Millionen eingekesselter Menschen füllten sie bis zum Rand. In jenen Herbsttagen verkehrte sich die Bedeutung der vernagelten Fenster auf furchtbare Weise in ihr Gegenteil – die vernagelten Fenster wurden zum Zeichen der lebendig Begrabenen und der in der Enge Sterbenden, jene Bretter wurden zu Todessymbolen für das Abgeschnittensein in den Kellern und für die Schwere der Stockwerke, die über den Menschen einstürzten.

Die Stadt wurde durch eine einförmige Vielfalt solcher Details beherrscht. Sie waren vielsagend und unterschieden sich im einzelnen voneinander, und dennoch stellten sie etwas Einheitliches dar. So verschloß man die Fenster in den feuchten Wänden mit frischem Sperrholz, vernagelte sie mit dunklen Brettern, überklebte sie mit Papier – blauem Packpapier, farbigem Papier, Zeitungspapier und mauerte sie mit Ziegeln zu. Manchmal vereinigten sich in ein und demselben Fenster Sektoren aus Sperrholz, Ziegeln, Glas und leimgetränktem Papier. Die Zeichen waren unsicher und widersprüchlich geworden; ohne feste Gestalt angenommen zu haben, lösten sich die beklemmenden Assoziationen auf. Schließlich wurde all das völlig gleichgültig. Die Fenster hatten sich mit Eis bedeckt. Die Menschen auf der Straße schenkten den Häusern nun keine Beachtung mehr. Sie achteten vielmehr auf den Boden vor ihren Füßen, denn die Gehwege waren vereist, und die Menschen hatten Angst, auf dem Glatteis auszurutschen und vor Entkräftung hinzufallen. Diese Angst war besonders groß, wenn ihr Eßgeschirr voll Suppe war.

Im Winter verlor man kein Wort mehr über die Verdunklung (im Jahre 39, während des Finnischen Krieges, hatte man noch viel darüber gesprochen). Es gab jetzt eben kein Licht mehr, man konnte nicht mehr spät nach draußen gehen, und man hatte dafür auch gar keinen Grund. Und doch schien es nachts auf der Straße nicht so dunkel, nicht so schrecklich zu sein wie zu Hause. Denn die Straßenbahnen (solange sie noch fuhren), die Straßenbahnen schienen mit ihren blauen Lämpchen eine Zuflucht zu bieten. Da war Licht, auch wenn es nur blaues war, so war es doch Licht; da waren Menschen, denen es gelang, ein wenig Wärme zu atmen; da knurrte einen die geschäftige Schaffnerin an … Und der Mensch tauchte nach dem Warten an der verlassenen Haltestelle dort ein und fand Ruhe.

Keiner verschwendete mehr einen Gedanken an Verdunklung oder ähnliche Dinge. Einhundertfünfundzwanzig Gramm, Wasser aus dem Eisloch in der Newa, Kälte, die niemals nachließ – nicht beim Schlafen, nicht beim Essen, nicht beim Arbeiten; Dunkelheit, die mitten am Tag hereinbrach und sich erst am späten Morgen wieder lichtete; Leichen in den Torwegen, Leichen auf Kinderschlitten, ausgestreckt und dünn – Mumien ähnlicher als normalen menschlichen Leichen.

Pünktlich – mit Abweichungen von weniger als einer halben Stunde – erklang ein Ton, jeden Tag zur selben Stunde, auch wenn diese im Laufe des Herbstes variiert wurde. Aber, wie konnte es anders sein, gerade in diesem Augenblick hatte der Mensch nicht mit ihm gerechnet. Er hatte vergessen, auf jenen Ton zu warten, und versuchte noch hastig, vor dem Luftangriff das Teewasser auf der Wremjanka zum Kochen zu bringen. Da dringt plötzlich der Ton aus dem Lautsprecher und erfüllt alle bewohnten und unbewohnten Zimmer der Wohnung. Damit begann die Luftschutzprozedur. Eine Zeitlang setzten die Angriffe immer gegen acht Uhr abends ein. Die deutsche Pünktlichkeit war ein wohlüberlegter Bestandteil im Kalkül der psychologischen Kriegsführung.

Die Luftangriffe waren von unterschiedlicher Dauer, Häufigkeit und Stärke, die damit verbundene Prozedur aber war immer das gleiche einförmige Ritual. Die Menschen zogen ihre Überschuhe und Mäntel an. Es war schade um den nur halb ausgetrunkenen Tee, und keiner hatte Lust, nach unten in den kalten Keller zu gehen. Man horchte – vielleicht wurde es ja ein harmloser Angriff –, die Flak schoß häufiger und lauter. Also tasteten sich die Menschen im Dunkeln die bekannte Treppe hinunter. Im Keller hatten viele ihren Stammplatz, dort traf man Bekannte, unterhielt sich, döste; wer sich einen Platz unter der Glühbirne erkämpfen konnte, las; man ging vor die Tür, um eine zu rauchen; bei der Entwarnung fühlte man sich jeden Tag aufs neue froh und erleichtert. Nach der Entwarnung wurde debattiert – lohnt es denn, gleich nach oben zu gehen, ist es nicht vielleicht besser, noch den nächsten Angriff abzuwarten (es gab zu verschiedenen Zeiten unterschiedliche Ausgangswerte für solche Berechnungen), man ging also nach oben, und manchmal ging man eben wieder hinunter; schließlich ging man ein letztes Mal nach oben, trank den kalten Tee aus und legte sich schlafen, ohne sich auszuziehen. Diese sich wie ein Ritual wiederholende Prozedur war schon beinahe etwas Beruhigendes. Sie bestand aus einer feststehenden Reihenfolge: das nervöse Ticken des Lautsprechers, das Suchen nach den Überschuhen, die einschläfernde Feuchte des Kellers, die am Ausgang gerauchte Selbstgedrehte, die langsame Rückkehr nach Hause (je langsamer, desto besser, falls es nochmals Alarm geben sollte). Aber ein Volltreffer, einstürzende Gewölbe, umherspritzendes Blut – so etwas gehörte nicht zu dieser Erfahrung und erschien daher irreal. Das Ritual begann mit jenem Ton aus dem Lautsprecher und es endete mit der Rückkehr zur noch glimmenden Wremjanka. Darin liegt der Grund dafür, daß die Nervenanspannung – entgegen aller Logik – schon in jenem Augenblick sank, wenn der Mensch auf die Treppe hinausging und sich auf den Weg zum Luftschutzkeller machte. Es war der Auftakt zur Prozedur; die alltägliche Erfahrung bewies, man würde sie glücklich überstehen. Vielen schien es sogar, daß gerade das Hintergehen in den Keller, um dort den Angriff abzuwarten, einen glücklichen Ausgang garantiere; es kam ihnen gar nicht in den Sinn, daß das Haus dieses Mal auch ebensogut verschont werden könnte, wenn sie oben, in ihren Wohnungen blieben. Eine solche durchaus auf der Hand liegende Überlegung hätte bestenfalls Erstaunen hervorgerufen.

Am Morgen sahen die Menschen dann, was in der Nacht geschehen war. Sie betrachteten die in Stücke gerissenen Häuser, die grausam zerfleischte menschliche Existenz, und sie zitterten vor Abscheu beim Anblick dessen, was hier geschehen war. Doch am nächsten Abend übernahm die Prozedur bereits wieder das Kommando.

Manchmal verstrichen im Luftschutzkeller stille, leere Stunden. Man wollte dann kaum glauben, daß schon alles überstanden sei. Und plötzlich war ein dumpfes Grollen zu hören, im selben Augenblick erbebte die Erde in ihrem Innersten. Genauer gesagt war es ein tiefer Einschlag, dessen Wellen sich dumpf nach oben hin fortsetzten. Doch zugleich hörte es sich immer wie ein Grollen an. Die Menschen im Keller hoben die Köpfe und blickten einander an. »Die sitzt«, sagte jemand. Die Männer erörterten träge, wie schwer die Bombe gewesen sein mochte und wo sie wohl eingeschlagen sei.

Das dabei völlig auf den Kopf gestellte Zeitempfinden wird man nie vergessen können. Die unmerklich kurze Gegenwart war für die hier Sitzenden längst zur Vergangenheit geworden, bevor ihnen die eigene Angst bewußt werden konnte; in der Zwischenzeit hatte sie jedoch einen gewaltigen, schrecklichen, neuen Inhalt bekommen, sie bedeutete dann für den Menschen bereits das absolute Ende oder aber den Beginn neuer, langer Qualen.

Das hypertrophe Mittagessen, das Ritual des Abwartens im Keller. Schranken der Unfreiheit, eine Negation der Menschenwürde. Man konnte sich dem nur durch die unmittelbare Teilnahme am Krieg entziehen.

Die typische Haltung der Menschen gegenüber den Bomben, dem Artilleriebeschuß, der Todesgefahr veränderte sich mehrmals; sie wandelte sich mit dem Schicksal der Stadt, sie wurde durch die allgemeine Situation in der Stadt bestimmt.

Wir haben in Leningrad während der Blockade alle nur möglichen Dinge erlebt – am wenigsten jedoch Angst. Die Menschen hörten das Pfeifen der über ihren Köpfen dahinjagenden Granaten, aber sie achteten nicht einmal darauf. Freilich ist es viel schwerer, bewußt auf eine Granate zu warten; doch alle wußten, nur derjenige hört ihr Pfeifen, den sie dieses Mal nicht trifft.

Die graduelle Steigerung der Gefahr, oder genauer: die Wahrscheinlichkeit zu sterben (der Grad dieser Wahrscheinlichkeit) ist von entscheidender psychologischer Bedeutung. Es liegt ein himmelweiter Unterschied zwischen dem sicheren und einem *beinahe* sicheren Tod. In Leningrad war die Gefahr ein alltägliches und zugleich auch systematisches Phänomen – ihr System zielte auf die Zermürbung der Nerven –, doch statistisch gesehen war sie nicht besonders groß. Die durch die tägliche Erfahrung bekannte Gefahr, die von den Bomben- und Artillerieangriffen ausging, schwand vor der riesigen Zahl derer, die der Dystrophie zum Opfer fielen. Auf diesen langsamen Tod bereitete sich der Mensch innerlich jedoch auf eine völlig andere Weise vor. Natürlich erlebte man in Leningrad Beschuß und Bombardierung auch ganz anders als an der Front oder in jenen Städten, die in der Folgezeit durch Luftangriffe dem Erdboden gleichgemacht wurden.

Vor den Bombenangriffen hatten die wenigsten Leningrader Angst – ausgenommen solche Menschen, die eine besondere physiologische Veranlagung zur Angst hatten. Es gab keine Möglichkeit, einfach wegzurennen. Deshalb rannte auch keiner, und niemand fragte sich: Wieso bin ausgerechnet ich hiergeblieben, während man doch alle anderen evakuiert hat? Gelassenheit wurde zu einer allgemein so verbreiteten und durchschnittlichen Verhaltensnorm, daß es schwieriger und auch schlimmer war, dieser Norm nicht zu entsprechen, als die realen Gefahren in Kauf zu nehmen. Um inmitten allgemeiner Panik kaltblütig zu bleiben, muß man schon beinahe ein Held sein. Aber versuchen Sie doch mal zu schreien und Panik zu verbreiten, wenn alle um Sie herum einfach ihre Arbeit tun – dazu gehört schon außergewöhnliche Vermessenheit.

Als die Friseure noch regulär arbeiteten, geschah es einmal, daß ich während eines Luftangriffs im Frisiersalon festsaß und dabei zusehen konnte, wie ganz gewöhnliche Mädchen unter dem Donner der Flak fortfuhren, Dauerwellen zu legen, und sich zudem noch gegenseitig bestätigten, wie furchtbar das alles sei.

Solch eine erfolgreiche Verdrängung ist nur dadurch möglich, daß der Tod empirisch nicht erfahrbar ist. Entweder er bedeutet eine Abstraktion des Nichtseins oder ein Gefühl der Furcht. Im ersten Fall gehört er (ähnlich wie die Ewigkeit oder die Unendlichkeit) zu den nicht faßbaren Begriffen. Um sich die blitzschnelle Umwandlung eines Zimmers und eines darin sitzenden Menschen in ein Chaos aus Ziegeln, Eisen und Fleisch, vor allem jedoch seine Umwandlung in die Nichtexistenz vorzustellen, ist eine Vorstellungskraft vonnöten, die die Fähigkeiten der meisten Menschen übersteigt.

Der Künstler K. (ein guter Künstler) unterschied sich von der Mehrzahl der Leningrader durch seine Furcht vor Bombenangriffen. Er zog zu Bekannten, weil diese im Erdgeschoß wohnten. Deren zwölfjährige Tochter kam einmal zu ihm herein, als er gerade ruhelos in seinem Zimmer auf und ab lief: »Kommen Sie Tee trinken. Die hören doch gleich wieder auf.« (»Die« – das sind die Deutschen). Er antwortete ihr: »Du hast keine Phantasie, deshalb hast du auch keine Angst. Weißt du, man muß ein sehr aufgeweckter Mensch sein, um richtig Angst haben zu können.«

Insofern die Furcht vor dem Tod ein Gefühl ist, unterliegt sie auch all jenen Launen und Inkonsequenzen, die für Gefühle charakteristisch sind. Sie entsteht und vergeht nicht gemäß den Gesetzen der Vernunft, wenn diese eine objektive Gefahr registriert, sondern aufgrund eines Wechselspiels von Impulsen und Reflexen. Ich erinnere hier nur an längst bekannte Tatsachen. So kann es zum Beispiel geschehen, daß man in Zeiten tiefsten Friedens in seinem Bett aufwacht, starr vor Entsetzen beim Gedanken an den unvermeidlichen Untergang; man kann aber auch zerstreut und gleichmütig durch Geschützfeuer laufen (im ersten Fall ist es eine nächtliche, störungsfreie Konzentriertheit, im zweiten eine Ablenkung der Aufmerksamkeit). Die Nerven eines Menschen, der unter philosophischer Todesangst leidet, können sich durchaus an spezifische Erschütterungen wie an das Pfeifen von Granaten angepaßt haben – und umgekehrt.

Manchmal fällt es leichter, eine drohende Todesgefahr zu vergessen, als seinen Dienst zu tun, ohne ständig an eine Rüge zu denken, die man im Büro erhalten hat. Es gibt keinen anderen Bereich, in dem sich sozialer Druck so anschaulich offenbart.

Seit unvordenklicher Zeit ist das Wort *Feigling* ein magisches Wort; und das ist es bis auf den heutigen Tag geblieben. Vor einem Schnupfen darf man Angst haben, doch den Tod zu fürchten ist etwas Schändliches. Wie ist es nur gelungen, dem Menschen trotz seines Selbsterhaltungstriebs so etwas zu suggerieren, ihm dies anzuerziehen? Vermutlich gelang es nur, weil andernfalls die Existenz einer Gesellschaft, eines Staates schlechterdings unmöglich wäre, folglich wurde alle Macht der Suggestion hierauf gerichtet.

Hier nun die Erzählung von M., einer Frau mittleren Alters; sie arbeitete zu Beginn des Krieges in irgendeiner Leningrader Behörde als Stenotypistin. Nach und nach hatte man alle evakuiert. Wie mehrere andere Behörden existierte auch diese nur noch formell. Mit Beginn des Krieges hatte man dort Nachtwachen der Angestellten im Amtszimmer des Direktors eingeführt – für alle Fälle. Am achten September hatte M. Nachtwache. Damals brachten sich die Deutschen pedantisch immer gegen zwanzig Uhr durch erfolglose Angriffe in Erinnerung. Sie waren schon fester Bestandteil des Tagesablaufs. M. hatte sich ein Buch mitgebracht; später würde sie sich ein wenig aufs Sofa legen und bis zum nächsten Morgen dösen können. Punkt 20 Uhr – Angriff. Wie gewöhnlich; er wird vorübergehen, und sie wird sich danach hinlegen können. Doch plötzlich – etwas Neues, noch nie Erlebtes. Das ist kein Grollen mehr, kein

Beben – das Grollen selbst ist das Beben. Schwerfällig erzitterte der Fußboden, an der Zimmerdecke schaukelte die Lampe hin und her. Noch einmal, und noch einmal. Wäre nicht die Verdunklung gewesen, so hätte man den Feuerschein der Badajew-Lagerhäuser sehen können, in denen Leningrads Brot brannte. Die ersten Bomben der ersten Angriffswelle fielen ganz in der Nähe ihrer Behörde. Diese Behörde war ausschließlich für zivile Angelegenheiten zuständig gewesen; sie war in jenen Tagen längst überflüssig geworden. Doch der Wachhabende mußte beim Telefon des Direktors Wache halten für den Fall – für welchen? – wahrscheinlich für den Fall, daß irgendwelche Anordnungen getroffen wurden. M. stand in der Mitte des Amtszimmers; drei Stockwerke tiefer befand sich der Luftschutzkeller. Und wieder erzitterte der Fußboden. Doch das Telefon stand auf dem mit bronzefarbenen Tuch bezogenen Tisch des Direktors und schwieg. Hier wegzugehen wäre Feigheit, Pflichtvergessenheit dem Staate gegenüber. Der Gedanke an die Feigheit, ihre Angst davor, feige zu sein, und zugleich auch die Überlegung, daß es niemandem nutzen konnte, wenn sie sich der Gefahr aussetzte, nahm M. so vollständig gefangen, daß sie gar nicht dazu kam, echte physische Angst zu empfinden. Sie ging hinaus auf die Hintertreppe und kehrte zurück, sie ging wieder hinaus und kehrte wieder zurück, und sie spürte dabei, wie Todesangst und Selbsterhaltungstrieb durch ihre Erstarrung unterdrückt wurden. Im Amtszimmer des Direktors tickte nervös das Radio. Um gegen das Gefühl der Verlassenheit und gegen diese unbekannte Qualität der Schwermut anzukämpfen, nahm M. wie unabsichtlich den Hörer von der Gabel. Es kam keine Verbindung zustande. Totenstille – also war die Leitung bereits irgendwo unterbrochen. Da ging sie nach unten. Vor dem Eingang zum Luftschutzkeller drängten sich mehrere Menschen. Einer hatte den Kopf notdürftig verbunden. Sie waren aus der Seitenstraße, aus dem ersten zerbombten Haus hierher geflohen. Ein Arbeitskollege von M., der Chef der hiesigen Luftabwehr, rannte auf dem Flur hin und her. Er war zu allem bereit, selbst zum Sterben. »Warum sind Sie nicht auf Ihrem Posten? Alle auf ihre Posten! Was wollen Sie hier?« – »Die Telefonverbindung ist abgerissen ...« Aber er hörte ihr nicht mehr zu, er schrie und rannte weiter durch den Flur. Er war keineswegs befugt, ihr Befehle zu erteilen, niemand konnte sie daran hindern, in den Keller zu gehen. Aber sie ging nicht hinunter. Wieder zitterte und bebte das Haus. Langsam ging sie nach oben, ins Amtszimmer des Direktors, und legte sacht die Hand auf das tote Telefon. Als sie das Telefon spürte, fiel ihr ein, daß sie nun gar nicht mehr zu Hause anrufen konnte (im September funktionierten die privaten Telefone noch), und daß ihr Mann möglicherweise schon wußte, daß man diesen Bezirk bombardiert hatte. Es wurde still. Aus irgendeinem Grunde flackerte immer wieder das trübe Licht. Langsam stieg sie die Treppe hinab. Nicht in den Luftschutzkeller, sondern einfach nur so – um im unteren Flur zu stehen.

Auch dieses Mal war es ihr nicht gelungen, echte Angst zu erleben. Echte Angst verdrängt alles übrige, läßt alle anderen Dinge belanglos werden. M. war zu sehr mit etwas anderem beschäftigt gewesen – mit dem Gedanken daran, bloß nicht ängstlich zu sein, zu tun, was auch alle anderen tun, oder auch mit dem Gedanken, wie überflüssig das alles sei, was sie gemeinsam mit den anderen in dieser längst überflüssig gewordenen Behörde tat.

Am frühen Morgen ging sie dann nach Hause; in der Seitenstraße stand dicht gedrängt ein Häuflein Menschen beisammen. Schweigend musterten sie den Bombentrichter im Asphalt, ihren ersten Bombentrichter.

Die Menschen, die es vom »Festland« nach Leningrad verschlug, waren fassungslos. Sie fragten: »Warum hat bloß keiner von euch Angst? Was muß man tun, um keine Angst mehr zu haben?« Man gab ihnen zur Antwort: »Anderthalb Jahre hier leben, hungern, frieren ... Ach was, das läßt sich nicht erklären.«

Es ist mehr als bloße Gewöhnung. Gewöhnung schwächt die Impulse der Angst und der Selbsterhaltung nur ab, sie trägt dazu bei, diese Impulse zu unterdrücken und durch andere zu ersetzen. Es war aber auch notwendig, hierfür neue Impulse zu finden, deren ursprüngliche Kraft alles andere völlig unterdrückte.

Der Blockademensch vom Herbst des Jahres 1941 verwandelte sich in den Menschen des Winters 1941/42. Das wäre also jener Mensch, der eine Straße hinuntergeht, obwohl sie unter Beschuß liegt. Er weiß, wie gefährlich und wie schrecklich das ist. Aber er ist auf dem Weg zum Mittagessen in der Kantine. Und anstatt sich zu fürchten, ist er nur wütend (nicht einmal in Ruhe zu Mittag essen lassen sie einen ...); anstatt sich vor dem Tod zu fürchten, fürchtet er bloß, man könnte ihn aufgreifen, festhalten und in einen Unterstand jagen, damit er sein Leben nicht in Gefahr bringt. Die Möglichkeit, umzukommen, ist diesem Menschen durchaus bewußt, aber sein unmittelbares Erleben wird bestimmt durch den Hunger, insbesondere aber durch seine Angst vor dem Hunger und durch die hungrige Hast, mit der er blindlings seinem Ziel zustrebt. Man kann sich zwar mehrerer Dinge zugleich bewußt werden, doch kann man sie nicht zur gleichen Zeit mit der gleichen Intensität auch wollen.

In der Nacht wird der Mensch durch den Luftalarm geweckt. Seine Hoffnung, daß es vielleicht ein *harmloser* Angriff werde, ist nur von kurzer Dauer. Immer näher rückt das Donnern der Flak. Wie laut die Flak doch feuert! Oder war das schon eine Bombe? Er denkt gar nicht mehr daran, aufzustehen, die Überschuhe zu suchen und in den eisigen Keller zu gehen. Er denkt nur daran, daß er nicht einschlafen darf. Er will nicht, daß *es* im Schlaf geschieht. Er will nicht inmitten einer über ihm zusammenbrechenden Welt aufwachen, um dabei in einem einzigen, schon verlöschenden Augenblick seinen eigenen Tod zu erleben. Besser – man ist vorbereitet. Es ist besser, im Liegen auf das heranrückende Geschützfeuer zu horchen. Es ist besser, der Katastrophe ins Auge zu blicken. Er denkt daran, daß er nicht einschlafen darf, doch schon wenige Minuten später schläft er, denn er ist müde.

Etwas Schreckliches ist hier im Gange. Jetzt gleich, im nächsten Augenblick, schneller als er sich die Decke über den Kopf ziehen, schneller als er die Luft, die gerade seine Lunge füllt, wieder ausatmen kann, jetzt gleich kann sich die ihm vertraute Wirklichkeit in eine andere, nicht vorstellbare – in eine heulende und klirrende Wirklichkeit verwandeln, die vom Gipfel des Leidens ins Nichts stürzt.

Und obwohl das alles so ist, fühlt er sich außerstande, Angst zu empfinden. Er will schlafen. Er staunt darüber, was für ein anderer Mensch er früher einmal war. Jener Mensch war auch um ein oder zwei Uhr nachts durch das Alarmzeichen geweckt worden. Dieses Zeichen allein war für ihn Grund genug gewesen, augenblicklich sein warmes Bett gegen den eiskalten Keller einzutauschen. Dafür war die naive Frische des noch funktionierenden Selbsterhaltungstriebs verantwortlich gewesen, den Erschöpfung und endloser Leidenskampf noch nicht zersetzt hatten. Das Ergebnis dieses Kampfes: das vom Körper gewärmte Bett, der bewegungslos im Bett liegende Körper waren zu konkreten Werten, zum Wünschenswerten geworden, gegen die keine vom Intellekt bestimmte Schreckensvorstellung noch etwas ausrichten konnte.

Ich weiß, daß es schrecklich ist. Ich will leben. Falls es passiert, werde ich in meinem letzten, bewußt erlebten Augenblick meine Unvernunft verfluchen. Ich weiß, ich müßte Angst haben, ich weiß, ich müßte etwas unternehmen. Aber ich habe keine Angst, ich kann mich nicht fürchten, weil ich einfach schlafen will.

Der Mensch im Sommer 1942 ... Seine Reaktionen weisen neue Nuancen auf. Man hatte sich mittlerweile an die Nervenanspannung gewöhnt, die gemeinsam mit dem Reiz, durch den sie hervorgerufen wurde, auch wieder verschwand. Auf seine Art bedeutet der Moment, in dem Entwarnung gegeben wird, körperliches Wohlbehagen; eine Leichtigkeit, wie man sie empfindet, wenn Zahnschmerzen plötzlich wie weggeblasen sind. So kam es zu jenem merkwürdigen Umschalten, merkwürdig gerade durch den schnellen Wechsel. Vor einer Minute noch haben die Menschen dem Tod ins Auge geschaut, doch in der Redaktion plaudern und tratschen sie schon wieder, und die zu neuem Leben erwachten Frauen beschließen, sich Strümpfe zu beschaffen oder ihre Kleider umzuarbeiten.

Weder feststehende Gefühle noch die Vorstellungskraft können die Reaktion der Nerven noch beeinflussen. Sie widersetzt sich auch dem bewußten Willen. Allen war es gelungen, sich die mächtigen Impulse der Widerstandskraft zunutze zu machen. Diejenigen, bei denen diese Impulse nicht mehr funktionierten, waren krank.

Weshalb war der Hunger (die Deutschen hatten das begriffen) der stärkste Gegner dieser Widerstandskraft? Deshalb, weil Hunger etwas permanent Gegenwärtiges ist, weil er sich niemals abstellen läßt. Er ist ständig anwesend und macht sich unaufhörlich bemerkbar (nicht unbedingt immer durch das Verlangen zu essen); am qualvollsten, am schlimmsten ist er gerade während des Essens selbst; dann nämlich, wenn sich das Essen mit entsetzlicher Geschwindigkeit seinem Ende nähert, ohne dabei den Hunger zu stillen.

Das allmorgendliche Hinausgehen auf die Straße erhält seine größte Bedeutung durch das Einkaufen. Selbst der Gang zum Bäckerladen wird durch das Lebensmittelgeschäft überflüssig. Es steht ja sogar an den Türen angeschlagen: »Dieses Geschäft handelt mit Brot.« Weshalb lockt das denn keine Käufer mehr an? Zur Zeit ist es im Geschäft ziemlich leer und ruhig. Die Verkäuferinnen tragen weiße Schürzen, ein prächtiges Ausstellungsstück liegt im Regal; sein Anblick macht die Käufer, also diejenigen, die ihre Zuteilung bekommen haben, wütend, denn auf dem Ladentisch türmen sich die noch nicht ausgegebenen Lebensmittel, die man jedoch nicht kaufen kann.

Zur Zeit ähnelt die Atmosphäre im Geschäft auf bestimmte Weise der grausamen Sterilität in Ambulatorien; ihr Mechanismus schützt den Menschen, doch durch seine Unerbittlichkeit weckt er zugleich auch Entsetzen und Verbitterung. Und die weißen Flure, die weißen Arztkittel, ihr Geruch, der einem das Herz abdrückt, diese schrecklichen metallenen Instrumente hinter der Glasscheibe, all das läßt den Menschen erstarren, so daß er schließlich weniger seine Krankheit haßt, als vielmehr all jene Dinge, die ihn von dieser Krankheit befreien sollen.

Das Geschäft mit seinen ehernen Gesetzen (bereits abgerissene Marken werden nicht mehr angenommen, Brot wird nur für einen Tag im voraus ausgegeben): das ist Unterernährung, recht gut organisiert. Die Regale der Brotabteilung sind mit sorgfältig übereinandergestapelten Brotlaiben gefüllt. Es sind ihrer so viele, sie riechen so frisch, die Verkäuferin zieht sie so gelangweilt aus dem Regal – es gibt keinerlei äußere Anzeichen dafür, daß sie etwas Verbotenes darstellen. Das

Brot liegt da, zum Preis von einem Rubel fünfundzwanzig Kopeken oder einem Rubel zehn Kopeken je Kilo, seine Tagesration bekommt man ohne Anstehen, ohne jede Anstrengung ... Und doch ist es ein Tabu. Das ist nahezu irrational.

Im Winter dagegen hatte noch alles seine Logik. Im Geschäft herrschte Dunkelheit, undurchdringliche Enge, ein Gewirr von flehenden, von drohenden Stimmen. Hinter dem Ladentisch kämpften die Verkäufer mit der Menge. Im Winter hatte es auch Tage gegeben, an denen die Wasserleitungen der Stadt völlig eingefroren waren, so daß man das Wasser aus den Eislöchern holen mußte. Die Brotfabriken konnten ihr Plansoll nicht mehr liefern. Ab vier, fünf Uhr morgens standen damals in Dunkelheit und Frost Hunderte von Menschen um Brot an. Plötzlich fällt dem Menschen ein, wie er das erste Mal in der Schlange gestanden hatte. Er stand da und war überzeugt, daß er es sowieso nicht schaffen würde, bis ans Ziel zu kommen, daß es (er hatte seit der Suppe am Vortag nichts mehr gegessen) doch zumindest sehr unwahrscheinlich sei. Mittlerweile hatte er sich aber überlegt, daß die Zeit, selbst wenn es noch fünf, sechs oder gar sieben Stunden dauern sollte, trotz alledem ja keinen Augenblick stillstand, daß auch diese fünf oder sechs Stunden – so quälend sie in ihrer Unbeweglichkeit für jeden einzelnen Menschen sein mochten – ganz gewiß vorübergehen würden, daß es also gewissermaßen die Zeit selbst war, die ihn ans Ziel trug. Der Bäckerladen war damals an der Ecke, der Weg dorthin führte an einem mit Brettern vernagelten Geschäft vorbei, quer darüber war die lange Aufschrift *Fleisch, Gemüse, Wild* zu lesen. Nach anderthalb Stunden hatte er das Wort »Fleisch« passiert, er war an »Ge« vorüber, dann aber lange Zeit unter dem Buchstaben »m« nicht vom Fleck gekommen. Die gewaltige Vorstellung von einem Stück Brot materialisierte sich beim Schlangestehen, und die Aufschrift wurde zur Verkörperung aller Höllenqualen, die das Anstehen bereitete.

Wie einfach dagegen jetzt alles ist, setzt einen schon in Erstaunen (es ähnelt dem Erstaunen eines Menschen, der glaubt, einen vollen Koffer hochheben zu müssen, und plötzlich feststellt, daß dieser Koffer leer ist). Man braucht jetzt nur seine Hand über den Ladentisch nach dem Brot ausstrecken. Einzig allgemeine Moralvorstellungen, ein abstraktes soziales Tabu lassen dies nicht zu.

Im Winter konnte es geschehen, daß das Brot nicht für alle reichte (später hatte sich die Versorgungslage wieder verbessert), da hatten die Schlangen also noch einen Sinn gehabt. Doch es hatte auch andere Schlangen gegeben – Auswüchse hungrigen Wahnsinns. Als man bekanntgab, daß Fett und »Süßwaren« ausgegeben würden, stand die Menge am selben Tag schon gegen fünf Uhr morgens vor dem Geschäft. Die Menschen ertrugen alle Qualen des stundenlangen Schlangestehens, obwohl sie genau wußten, daß sich das Geschäft schon um zehn oder elf wieder geleert haben würde. Es war psychologisch schlechterdings unmöglich, zu schlafen oder sich mit irgend etwas anderem zu beschäftigen oder auch einfach nur zu existieren, ohne sich in das allgemeine Streben nach Fett und »Süßwaren« einzureihen – und zwar sobald sie auch nur in den Bereich des Möglichen gerückt waren.

Die Schlange ist eine Ansammlung von Menschen, die gemeinsam zu erzwungener Untätigkeit und innerer Isolation verurteilt sind. Wenn das Untätigsein nicht durch Erholung oder Zerstreuung einen Sinn erhält, dann bedeutet es Leiden oder Strafe (Gefängnis, Schlangestehen, Wartezimmer). Die Schlange stellt eine Kombination aus völliger Untätigkeit und dem beschwerlichen Aufwand von Körperkraft dar. Die Männer ertragen das Schlangestehen besonders schlecht, da sie es gewohnt sind, daß ihre Zeit etwas wert ist. Dabei geht es viel weniger um den objektiven Stand der Dinge, als um ererbte Fertigkeiten. Berufstätige Frauen haben von ihren Müttern und Großmüttern Zeit geerbt, die nicht ins Gewicht fällt. Das alltägliche Leben läßt diesen Atavismus nicht versiegen. Ein Mann glaubt, er brauche nach der Arbeit Erholung oder Zerstreuung; eine Frau, die von der Arbeit kommt, arbeitet zu Hause weiter. So wurde auch das Schlangestehen während der Blockade Teil des Zusammenhangs langjährigen Gebens und Nehmens, reihte es sich ein in die gewohnte Gereiztheit und die gewohnte weibliche Geduld.

Dafür versucht fast jeder Mann, der ins Geschäft kommt, sich ohne Schlangestehen bis zum Ladentisch vorzudrängeln. Die Männer können nicht erklären, weshalb sie sich innerlich schuldlos fühlen, obwohl doch die Unrechtmäßigkeit ihres Handelns offenkundig ist. Aber sie sind sich dabei ganz sicher: Schlangestehen – das ist Weiberkram. Vielleicht glauben sie unbewußt, daß ihre Ansprüche durchaus recht und billig seien, weil nur so wenige Männer in der Schlange stehen. Im übrigen halten sie es für überflüssig, ihr Verhalten zu begründen; sie werden entweder grob, oder sie leiern ihren schon klassischen Satz herunter: »Ich muß gleich zur Arbeit«. – »Als ob wir nicht zur Arbeit müßten!« (Es heißt unbedingt *wir*; der Mann versteht sich beim Schlangestehen als ein einzigartiges Individuum, die Frau – als Teil der Gemeinschaft.) »Alle müssen jetzt gleich zur Arbeit«, ärgert sich die Frau mit der Aktentasche. Der Mann, der sein Brot bereits bekommen hat, steckt es verstohlen ein. Da ist nichts mehr zu sagen; für sich aber weiß er: selbst wenn sie wirklich genauso viel arbeitet wie er, ja, selbst wenn sie noch mehr arbeitet als er, so hat sie dennoch ein anderes Zeitempfinden, empfindet sie Wert, Verwendung und Einteilung ihrer Zeit anders als er. Sein Zeitempfinden aber gibt ihm das Recht, sein Brot ohne Anstehen zu bekommen. Die Verkäuferin als unbeteiligte Person kann das nachvollziehen – in der Regel stellt sie sich auf die Seite der Männer.

Nur ganz wenige Menschen lesen beim Schlangestehen Bücher oder auch nur Zeitung. Darüber kann sich nur wundern, wer noch nie viele Stunden täglich mit Schlangestehen zugebracht hat. In der Psychologie des Schlangestehens wurzelt ein nervöses, sehnsüchtiges Streben nach dem Ende, nach Bewegung in der brachliegenden Zeit; diese Sehnsucht verdrängt alles, wodurch sie zerstreut werden könnte. Die psychische Verfassung eines Menschen, der in einer langen Schlange steht, läßt gewöhnlich jede andere Betätigung unmöglich werden. Der naive Intellektuelle hat sich ein Buch mitgebracht, aber schließlich zieht er es doch vor, den Lauf der Dinge zu verfolgen. Hat er sich dann von der Seite her bis zum Ladentisch durchgekämpft, beobachtet er, wie die Verkäuferin die vor ihm Stehenden bedient. Bei jeder Verlangsamung ihrer Bewegungen verkrampft sich etwas in seinem Inneren (wenn die Verkäuferin auch nur für einen Augenblick vom Ladentisch weggeht, ist es ebenso qualvoll wie das unvermittelte Halten eines Zuges), oder er nimmt zufrieden Anteil an ihrem strammen Arbeitstempo und jubelt, wenn er unerwartet Zeit gewinnt (zum Beispiel, wenn man die Karten eines Kunden nicht akzeptiert, weil er für dieses Geschäft keine Zuweisung hat).

Es reicht aus, daß sich auch nur einer vordrängelt und Anspruch auf einen Platz vor ihm erhebt, um den Menschen hysterisch werden zu lassen; doch kaum hat er seine Ration bekommen, schon ist derselbe Mensch fähig, auf der Stelle eine halbe Stunde mit einem Bekannten zu verplaudern, allerdings unterhält er sich nun bereits wie ein freier Mensch, der bloß deswegen noch hier steht, weil ihm danach zumute ist. Solange er Schlange stehen muß, dürstet er, wie die gesamte Schlange, nach körperlicher Bewegung, selbst wenn diese Bewegung nur Selbsttäuschung ist. Die Hintenstehenden schreien ihre Vorderleute an: »Ja nun rückt doch endlich auf, warum kommt ihr denn gar nicht vom Fleck!« Und mit absoluter Sicherheit findet sich auch irgendein Räsoneur, der nicht begreift, wie die menschliche Seele funktioniert, der erwidert: »Wozu denn aufrücken? – Davon geht's auch nicht schneller«.

Im Winter waren die Schlangen der Dystrophiekranken äußerst wortkarg gewesen. Mit der Erhöhung der Brotration, mit der Wärme des Frühlings und dem ersten Grün (die Menschen kauften Grünzeug und kochten es) veränderte sich auch allmählich das Verhalten beim Schlangestehen. Die Schlange wurde gesprächig. Der Mensch kann kein Vakuum ertragen. Eine der wesentlichsten Zweckbestimmungen des Wortes ist es aber, ein Vakuum unverzüglich auszufüllen. Sinnlose Gespräche haben für unser Leben keine geringere Bedeutung als die sinnvollen.

Auf seine Art ist der Verlauf dieser Gespräche vorherbestimmt, doch den Gesprächsteilnehmern bleiben diese Hintergründe verborgen. Sie vollziehen subjektiv eine Handlung, die von den Widerständen der objektiven Welt, die jede *Aktion* belasten, nahezu unabhängig ist. Das Gespräch ist ein ungebundenes Äquivalent für eine bestimmten Gesetzmäßigkeiten unterworfene Handlungsweise. Es ist ein vager Prototyp der Kunst; wie diese besitzt auch das Gespräch eine besondere Realität, deren Thematik der Mensch selbst erschafft und auch selbst wieder zerstört.

Das Gespräch bildet Leidenschaften und Emotionen nach; Liebe und Ruhmsucht, Hoffnung und Bosheit erlangen in ihm trügerische Realität. Das Gespräch erfüllt Wunschvorstellungen. Im Gespräch, bei einer Tasse Tee oder einem Glas Wein, werden ansonsten unüberwindliche Hürden genommen, werden Ziele erreicht, die in der Welt des Handelns viele Jahre Zeit, Mißerfolge und Anstrengungen kosten.

Ein Gespräch bedeutet Entspannung, und zugleich ist es eine Vergegenständlichung von erkenntnishaften, ästhetischen und dem Willen unterworfenen Begierden, Werten, Fähigkeiten und Möglichkeiten. Spricht man mit seinen Angehörigen, so sind gerade diese Gespräche das beste Mittel, um sich selbst zu bestätigen, sie stellen eine Deklaration des Selbstwertgefühls dar. Diese Deklaration wird real, sie gewinnt soziales Dasein – dies ist eines der Grundprinzipien menschlichen Verhaltens.

Im Dialog mit seinen Nächsten bestätigt der Mensch sich selbst; mittelbar oder unmittelbar, direkt oder auf Umwegen – das kann von offener Prahlerei über einfaches Sprechen über sich selbst oder das eigene Tun bis hin zum verborgenen Ergötzen an der eigenen Meinung zu Wissenschaft, Kunst und Politik, am eigenen Witz, an der eigenen Beredsamkeit und damit an der eigenen Macht über die Aufmerksamkeit des Zuhörers reichen. Die Selbstbestätigung versteckt sich hinter dem objektiv Interessanten, sie steckt in allem, was informativ oder ästhetisch bedeutsam ist. Manchmal liefert die Information nur den Vorwand, manchmal ist die Selbstbestätigung auch nur eine Begleiterscheinung der Information. Doch wie dem auch sei – Selbstbestätigung ist die unvergängliche Psyche eines jeden Gesprächs.

Es gibt Situationen – die Existentialisten bezeichnen sie als Grenzsituationen –, in denen es den Anschein hat, alles müsse sich verändern. In Wahrheit aber setzen die ewigen Triebkräfte (Tolstoj hat das entdeckt) ihr großes Werk fort. Nur wird das Verborgene offensichtlich und das Ungefähre fest umrissen; alles verdichtet sich und tritt offen zutage. Ebenso war es mit den Gesprächen der Blockademenschen – beim Schlangestehen, in den Luftschutzkellern, in Kantinen und Redaktionen.

Die Schlange ist ein zwanghafter Zusammenschluß von Menschen, die alle wütend aufeinander sind und deren Blick gleichzeitig auf einen einzigen, einen gemeinsamen

Bereich von Interessen und Zielen gerichtet ist. Hieraus resultiert jene Mischung aus Rivalität, Feindschaft und Gemeinschaftsgefühl, jene immerwährende Bereitschaft, die Reihen gegen einen gemeinsamen Feind – den Vordrängler – zu schließen. Durch die erzwungene Untätigkeit werden Gespräche hierbei zwar angeregt, andererseits aber auch durch ihre inhaltliche Fixiertheit auf die Beschäftigung, der die Schlange nachgeht, gehemmt.

Die Beschäftigung, sich Nahrung zu verschaffen, macht verständlicherweise bestimmte kommunikativ-zweckorientierte Äußerungen notwendig (Wer ist der Letzte? Auf welche Marken bekommt man das? Wieviele braucht man dafür? Gibt es heute auch Bonbons der Marke »Süden«? Sind die Bonbons der Marke »Iran« wirklich in Papier gewickelt? – Aber das wiegt ja dann mit!), ebenso aber auch Äußerungen, die dem Kampf gegen die Vordrängler gewidmet sind. Der Form nach sind auch diese kommunikativ (sie sind auf ein praktisches Ergebnis ausgerichtet). In Wirklichkeit ist jedoch ihr praktischer Aspekt ähnlich unwesentlich wie der Zeitverlust, der einer Hausfrau dadurch entsteht, daß sich wieder einer vorgedrängelt hat. Auch das allgemeine innere Rechtsempfinden, an das man appelliert, ist hierbei ohne jede Bedeutung. Die praktische Zweckgebundenheit solcher Repliken dient nur als Bemäntelung dafür, daß sich Gereiztheit, Ungeduld und all die anderen angestauten Affekte darin entladen. Ihr emotionaler Kern manifestiert sich in unmotiviert groben und gehässigen Antworten auf harmlose Fragen wie »Können Sie mir sagen, wieviele Marken von einer Arbeiterkarte man dafür braucht?« oder: »Was kochen Sie sich denn daraus?« – »Ja was denn, stehen Sie vielleicht zum ersten Mal hier an?«, »Sie können wohl überhaupt nicht kochen?« (wobei hier gleichzeitig noch der Verdacht mitspielt, man könnte es am Ende mit solch einer eingebildeten Person zu tun haben, die sich zu fein dafür ist). Im Winter durfte man niemanden mehr etwas fragen, jegliche Frage lieferte den heißersehnten Vorwand für eine barsche Antwort, in der sich Erbitterung und Qual Luft machten. In besseren Zeiten bekam man neben solchen groben auch geschwätzige und weitschweifige Antworten zu hören – der Antwortende gefiel sich dann in der Rolle des Lehrmeisters und Ratgebers.

Doch es sind andere Gespräche, in denen sich das Wesen des Schlangestehens offenbart; Gespräche, die das Vakuum der Untätigkeit anfüllen und die, obwohl sie ungebunden scheinen, eindeutig vorbestimmt sind. Es sind dies die Gespräche über das Essen (über Leben und Tod also), wobei hauswirtschaftliche Probleme nur scheinbar im Vordergrund stehen.

Für die Intellektuellen, für die junge Generation, ja, für Männer überhaupt bedeutete diese Form des Gesprächs etwas Neues – jetzt erst haftete ihr kein Verbot mehr an; und so wurden allerlei neuartige Redewendungen (bisweilen ausdrucksstark, manchmal auch unpassend) von ihnen erfunden. Sie schafften es nicht, sich aus derlei Gesprächen herauszuhalten, doch schämten sie sich dessen als Zeichen des Verfalls. Für die Hausfrau bedeuteten sie nur eine Fortsetzung ihrer altgewohnten Gespräche. Für eine Hausfrau waren bereits in der Vorkriegszeit weder das Schlangestehen noch Lebensmittelkarten oder die Frage »Was gibt es heute?« etwas Neues gewesen. Sie mußte daher ihre alte Phraseologie nur unwesentlich erweitern.

Trotz alledem hatte sich etwas verändert. Zunächst hatte dieses eine Gespräch alle anderen, auf ihre Tätigkeit bezogenen Gespräche (über Schule, Einkäufe, Dienstboten) verdrängt. Außerdem war es so, daß dieses Gespräch, für das Männer und berufstätige Frauen (insbesondere die jüngeren unter ihnen) bislang nur Verachtung übrig hatten und mit dem man gebildeten Leuten gar nicht erst kommen durfte –, daß dieses Gespräch nun triumphierte. Es hatte allgemeine soziale Aussagekraft und Bedeutsamkeit erlangt; dafür hatte man mit der schrecklichen Erfahrung des Winters bezahlt. Ein Gespräch darüber, daß man Hirse beim Kochen nicht salzen darf, damit sie besser *quillt*, war nun zu einem Gespräch über Leben und Tod geworden (denn schließlich wurde so mehr aus der Hirse). Obwohl in seiner Thematik durch die Blockadeküche beschränkt, bereicherte sich dieses Gespräch um die Peripetien der überwundenen Schwierigkeiten und gelösten Probleme. Als das Wesentliche der gegebenen Lebensumstände saugte es alle nur möglichen Interessen und Leidenschaften in sich auf.

Wenn die Schlange also ein Gespräch über das Essen führte, so war in ihm alles enthalten: die Entladung von Emotionen in Form von Vorwürfen und Wehklagen ebenso wie die erkenntnishafte Verallgemeinerung in den Erörterungen über das beste Vorgehen beim Beschaffen, Kochen und Verteilen der Nahrung; das Erzählen »interessanter Geschichten« ebenso wie jegliche Spielart der Selbstbestätigung. Gerade wenn man über das Beschaffen, Kochen und Verteilen der Nahrung spricht, artikuliert man seine Überlegenheit über die anderen, und auf der gleichen Ebene spricht man auch über sich selbst, über die eigene Persönlichkeit, mit allem, was sich auf diese bezieht und zu ihr gehört – psychologische Beobachtungen, faktische Details und selbst die banalsten Feststellungen:

»Also bei uns in der Kantine bekommt man jetzt ohne Marken Kohlsuppe, bloß sehr dünn ist sie halt ...«

»Na, was macht das schon? Ich geb' ein Butterflöckchen dazu und dreh's dann durch den Wolf. Dann kommt mein Mann und futtert. Trotz alledem, ihm schmeckt's.«

Eine direkte Bestätigung des eigenen Könnens. Und *Butterflöckchen futtern* sind Koseformen für das Lebensnotwendigste.

»Und wie kochen Sie den Kohl?«
»Ich mach' Suppe daraus. Wie aus jedem Gemüse. Man könnte meinen, daß Sie nicht mal wissen ...«
Das ist – für alle Fälle – eine prophylaktische Grobheit. Am Ende ist die Fragende vielleicht so eine arbeitsscheue Person, die glaubt, sie stünde über ... ja vielleicht sogar über derjenigen, die auf die Frage antwortet.
»Ich für meine Person bin richtiggehend aufgeblüht, kaum daß es wieder Grünzeug gab.«
»Wir haben auch gleich angefangen, Melde und Brennesseln zu kochen.«
»Nein, also ich nehme ausschließlich rohe Brennesseln. Das schmeckt doch gänzlich anders.«
Alte, der intellektuellen Tradition verhaftete Wendungen (»ich für meine Person«, »ausschließlich«, »gänzlich«) transportieren Inhalte, die allen Schlangestehenden vertraut sind. Zwar ist es nun auch den Intellektuellen erlaubt, ohne Umschweife über sich selbst oder über das Essen zu sprechen, aber dennoch wird das Thema ein wenig durch Selbstbetrachtungen von allgemeinem Interesse oder durch die Belehrung des Gesprächspartners verschleiert.
»Wir haben uns wieder für hier eine Zuweisung geben lassen. Denn, wissen Sie, hier gibt es wirklich anständige Rationen. Meine Schwester hat erst gestern zwei Portionen Suppe geholt, da war doch ungelogen eine halbe Büchse Reis drin.«
Fakten von allgemeiner Bedeutung, doch unterschwellig – das persönliche Thema: die Demonstration des Erreichten.
»Oje, jetzt hab' ich was von meinem Brot abgebissen. Nun werde ich's wohl nicht mehr bis nach Hause bringen.«
»Man darf niemals damit anfangen.«
Eine dritte Frau (sie steht bei den Süßwaren an):
»Am besten ist es, wenn man es dann gleich ganz ißt. Solange noch was da ist, zieht es einen an wie ein Magnet. Wie ein Magnet.«

»Solange es nicht aufgegessen ist, läßt es einem keine Ruhe. Dauernd muß man daran denken.«

»Wie ein Magnet zieht es einen an.«

»Wissen Sie, ich hab' mir sowieso schon für eine Hundertgramm-Marke Bonbons gekauft.«

»Aber so ein Pfund Brot mit Butter – das ist weg wie nichts. Es ist geradezu eine Strafe, damit nach Hause zu gehen.«

Die Befriedigung, die einem das Sprechen über sich selbst verschafft, verdoppelt sich durch die Befriedigung, die durch den intellektuellen Prozeß entsteht. Aus einer Selbstbetrachtung ergibt sich die Verallgemeinerung von Erfahrungen. »Man darf niemals damit anfangen« – das ist bereits eine Sentenz; »wie ein Magnet zieht es einen an« – ein künstlerisches Bild.

»Na also, jetzt haben mein Kind und ich was zu essen.«

»Für einen Tag?«

»Wieso Tag? Für einen Augenblick. Früher haben wir jeden Tag zweihundert Gramm Butter gekauft.«

»Genau, das hat für drei gerade gereicht.«

»Also meine waren früher, daß Gott bewahre. Auf einmal mochten sie keine Buchweizenkascha mehr. Also koch' ich ihnen eine aus Hafer. Da woll'n sie Hafersuppe und Kascha. Ich sag': also eins von beiden – entweder Hafersuppe oder Kascha ... Aber nein, beides soll ich kochen. Also schön, mach' ich eben aus dem Hafer auch noch Kascha ...«

»Und mein Junge – sieben ist er jetzt, aber wenn's ums Essen geht, da verstehen sie in dem Alter schon alles. Als im Radio die Kinderration bekanntgegeben wurde, hat er ganz genau aufgepaßt. Für Kinder unter zwölf gibt's Zucker ... Da sagt er: Mama, das ist mein Zucker, den geb' ich dir aber nicht. Und ich sag zu ihm: na, dann kriegst du auch kein Bonbon mehr von mir.«

Man erzählt von sich selbst und von der Familie; vor allem erzählt man von den Eßgewohnheiten der Familie – das stößt auf allgemeines objektives Interesse. Was auch die Zwischenfrage der Gesprächspartnerin (»Für einen Tag?«) unterstreicht. Die Erzählung über frühere Eßgewohnheiten beinhaltet eine unausgesprochene Selbstbestätigung: so sehr konnten meine Familie und ich damals über den Dingen stehen, die nun solche Macht über uns haben. Die Antwort hierauf signalisiert Verständnis; sie gibt zu verstehen, daß auch die Gesprächspartnerin über diesen Dingen steht, daß sie demselben Kreis von Menschen angehört, jenem Kreis von Menschen, die für drei Personen jeden Tag zweihundert Gramm Butter gekauft haben.

Der Familie war es früher einmal so gutgegangen, daß die Kinder sonderbarerweise gar nicht so sehr das besonders nahrhafte Essen haben wollten (aus derselben Laune heraus hatten früher die feinen Herrschaften auch Roggenbrot gegessen), sondern Essen verlangten, das nicht so dick macht – hier liegt die tiefere Schicht der Erzählung von der Buchweizen- und der Haferkascha.

Auf eine schreckliche, neue Grundlage gestellt, führen die Frauen das ewig gleiche Gespräch über ihre Kinder nun weiter. Die Erzählung über den Jungen, der schon alles versteht, »wenn's ums Essen geht«, ist unter anderem von inhaltlichem und sogar künstlerischem Interesse; doch in erster Linie ist hier gemeint, daß dieser trotz seines jungen Alters schon so reife Junge überlebt und sich schon ganz wie ein Erwachsener benimmt, wenngleich mit einer süßen, kindlichen Naivität. Doch selbst dieses so lebenstüchtige Kind wird schon kurz darauf wieder übertroffen, denn die Gesprächspartnerin erzählt plötzlich von einem anderen Jungen, der sich auch wie ein Erwachsener benahm:

»Nein, also mein Junge – er ist schon tot –, der hat alles geteilt. Kaum zu glauben. Sein Vater und ich, wir haben's nicht ausgehalten. Er aber steckt die Bonbons in seine Tasche. Er klopft auf die Tasche und sagt: mehr gibt's jetzt nicht. Und dabei war er gar nicht gierig. Sogar seinen Teil hat er noch hergegeben. Er sagt zu mir: Mama, du hast doch Hunger, nimm dir doch was von meinem Brot.«

Eine einzige überwältigende Leidenschaft hatte im Winter die Menschen beherrscht, wenn sie an den Ladentisch traten. Sie sprachen kaum ein Wort; mit manischer Ungeduld starrten sie ihrem Vordermann über die Schulter auf das Brot, das vor ihnen lag. Mittlerweile hat sich das verändert, doch auch jetzt noch verstummen alle nebensächlichen Gespräche, sobald man erst unmittelbar vor der Waage steht. Der Hals wird immer länger. Die Gesichtsmuskeln spannen sich an. Käufer und Verkäufer nehmen miteinander Kontakt auf. Wortlos kämpfen beide um jedes Gramm mehr oder weniger. Der Mensch steht am Ladentisch und beobachtet, wie die Verkäuferin zwanglos einen Laib aus dem Regal zieht, wie sie die Kruste zerschneidet und dabei das herrliche schokoladenfarbene Innere des Brotes freilegt. Sie schneidet kompakte viereckige Scheiben davon ab oder legt noch welche dazu; gleich hier auf dem Tisch liegen sie, aber man darf sie nicht einfach nehmen und aufessen. Das Tabu. Das gesamte, gewaltige Gesellschaftssystem schützt diese Scheiben vor der menschlichen Hand, die nach ihnen greifen will. Ansonsten gibt es nichts Trennendes mehr – kein Schloß, keine Miliz, keine Schlange. Nur die riesenhafte Abstraktion eines sozialen Verbots.

Mit gebanntem Blick beobachtet der Mensch die automatische Waage und die Bewegungen ihres Zeigers. Er tut dies einerseits, weil man ihn sonst übervorteilen könnte, hauptsächlich aber deshalb, weil er sich der Illusion hingibt, am lebenswichtigen Vorgang des Abwiegens teilhaben zu können. Es ist so ähnlich wie beim Pferderennen, wenn jeder mit dem Pferd, auf das er gewettet hat, in Gedanken mitläuft – obwohl er in Wirklichkeit völlig unbeweglich und ohne jeden Einfluß auf den Ausgang des Rennens ist. Der Zeiger der Waage schlägt einen ersten, weit ausholenden Bogen, dann pendelt er lange mit allmählich nachlassendem Schwung vor der weißen Scheibe hin und her und sucht sich seinen Platz zwischen den darauf befindlichen Zahlen. Da, nun ist er über die richtige Zahl hinausgeraten – das ist immer unangenehm: die Verkäuferin wird also unerbittlich von dem auf der Waage liegenden Stück wieder ein kleines Rechteck abschneiden. Besser ist es, wenn der Zeiger nicht weit genug ausschlägt, denn das bedeutet, daß man noch ein Stück zu bekommen hat, vielleicht ist es ja sogar ein großes ... nein, nur ein ganz kleines; seltsam, daß so ein winziges Stück den Zeiger zu korrigieren vermag. Die psychische Anteilnahme am Vorgang des Brotabwiegens wird gewissermaßen von einer absurden und unsinnigen Hoffnung begleitet – der Hoffnung, daß, aus welchem Grund auch immer, das Stück heute vielleicht größer sein könnte als sonst. Wenn die Verkäuferin das Gewicht auf Anhieb errät, ist es aussichtslos. Wenn das dazugelegte Stück ein großes ist, ist das auch nicht gut, dann darf man es nämlich nicht anrühren, bevor man zu Hause ist – so bestimmt es nun einmal die Blockadeethik. Am besten sind die kleinen Zuwaagen, die quasi nicht der Rede wert sind und nach Gewohnheitsrecht sofort demjenigen zufallen, der das Brot holt (selbst wenn zu Hause noch eine Familie wartet). Wer sogar zwei ganz winzige Zuwaagen bekommt, ist ein Glückspilz. Die Zuwaagen darf man aufessen, doch ist es äußerst gefährlich, von seiner Tagesration ein Stückchen abzubrechen; dann ißt man schließlich alles Stückchen für Stückchen auf, und bis zum Frühstück zu Hause hat man nichts mehr davon übrig. Und statt des Frühstücks erwartet einen dann zu Hause nur hungrige Leere. Ein wenig besser ist es schon, wenn man sich mit dem Messer ein gerades Scheibchen abschneidet. So behält die Ration weiterhin ihr ursprüngliches, unberührtes Aussehen, und die glatte Schnittoberfläche wirkt wie eine schützende Hülle.

Im Winter fuhren die Straßenbahnen immer seltener. In der Stadt sagte man: »Na, heute war Stromausfall; da mußte ich mich eben zu Fuß von der Petrograder Seite bis hierher schleppen«. Tags darauf fuhren einzelne Straßenbahnen wieder. Niemand glaubte, daß dies das Ende sei. Dann waren sie einige Tage nicht mehr gefahren, doch plötzlich wurde N., der sich gerade auf seinen Weg gemacht hatte, wieder von einer Straßenbahn eingeholt und fuhr mit ihr weiter. Schließlich war alles zu Ende, mit der Zeit verschwand der Fahrdamm unter einer Eiskruste, unter der man sich die Straßenbahnschienen nicht einmal mehr vorstellen konnte. Auch die O-Busse waren auf der Straße festgefroren. Mit eingezogenem Strombügel lagen sie am Ufer der Gehsteige fest.

Das Laufen im Kreis war zu einem äußerst konkreten Laufen geworden – von der Wohnung zur Behörde, von der Behörde zur Kantine, von der ersten Kantine zur zweiten, von der zweiten Kantine wieder zur Behörde …

Im April grub die Stadt die Straßenbahnschienen wieder aus. Auch N. half mit den Kollegen aus seiner Behörde beim Graben. Lange konnte N. sich nicht an die Straßenbahnen gewöhnen. Sie schienen ihm stets seltene Ansichtsexemplare zu sein, die man nicht wirklich benutzen könne. Verwundert betrachtete er die Menschen, die sich ernsthaft, als ob mit den Straßenbahnen nie etwas Außergewöhnliches geschehen sei, geschäftig an den Türen drängten und dabei noch riefen: »Trödeln Sie nicht!« Er ging weiterhin zu Fuß und erklärte das damit, daß man bei dem Gedränge zu lange warten müsse und es daher unkomplizierter sei, zu Fuß zu gehen. Aber das erstarrte Dasein hatte nun de facto ein neues Element hervorgebracht. In der Zeit, als es keine Straßenbahnverbindungen mehr gab, hatte das Dasein nur aus einer feststehenden Abfolge sich wiederholender reflexartiger Gesten bestanden.

Schließlich versuchte er es doch einmal – und wie sich zeigte, konnte man tatsächlich mit ihnen fahren. Sogleich wurde er zum fanatischen Straßenbahnfahrer. Aufgrund seiner Überlegungen zu einer möglichst effektiven Rationalisierung des alltäglichen Lebens leuchtete ihm ein, daß er auf diese Weise am ehesten Körperkräfte einsparen könnte. Aber in Wirklichkeit gab etwas Anderes den Ausschlag – ihm war es nun zuwider, sich den Raum vorzustellen, der ihn von seinem Ziel trennte; den Raum, den er ausschließlich mit Hilfe seines eigenen Körpers, Schritt für Schritt und sich dabei noch zur Eile antreibend bezwingen müßte. Dagegen fiel das Warten leicht. Auch wenn man lange warten mußte.

Von der Haltestelle ging er vor bis zur Straßenecke, wo man die Kurve ganz einsehen konnte. Angestrengt hielt er Ausschau, und wegen seiner Kurzsichtigkeit verwechselte er manchmal das Tor eines Quergebäudes mit der Straßenbahn, manchmal auch das Laub eines Baumes oder die Fensterreihe einer Hauswand. Unweit von hier kreuzte eine andere Straßenbahnlinie die Straße. Auch das war trügerisch; und doch war es gut, das Klingeln der anderen Straßenbahnen zu hören, denn es bedeutete immerhin, daß sie fuhren. Es ist schwer auszumachen, welche Straßenbahn – mittlerweile war das dunkelrote Massiv der Straßenbahn bereits unverkennbar – da nun aufgetaucht war; möglicherweise fährt diese auch wieder in eine andere Richtung. Aber nun ist doch schon deutlich ihre Schnauze von vorne zu sehen, und sie zieht ihren Rumpf durch den Halbkreis der Straßenbiegung.

Die Fahrt in der Straßenbahn gehört zu den schönsten

und erhebendsten Augenblicken des Tages. So überlistet der Mensch also das feindliche Chaos. Inmitten all dieser beharrlichen Dinge, über die wir keine Gewalt mehr haben, inmitten all jener Dinge, die man nur durch die eigene Muskelkraft, nur durch den eigenen Willen bewegen oder hochheben muß – da gibt es nun auf einmal ein einzelnes willfähriges Ding, eine mechanische Kraft, die einem dienstbar ist.

N. genießt nun täglich aufs neue die längst vergessenen, mechanischen Bewegungen, mit denen sich der Mensch an die Haltestange klammert, sich dabei leicht zurücklehnt, um sich dann bis zur Plattform durchzudrängeln. Auf der Plattform bleibt er stehen. Er denkt jetzt überhaupt nicht mehr daran, seine Körperkraft zu sparen (sonst müßte er sich nämlich hinsetzen). Er will diese zauberhafte mechanische Bewegung erleben, die sich durch ihn, mit ihm, für ihn vollzieht. Die feindliche Welt ist für einen Augenblick überlistet; man hat ihr ein Stückchen entrissen.

Neben ihm auf der Plattform stehen zwei blutjunge, gutaussehende Matrosen der Roten Flotte mit ihren runden Mützen. Und plötzlich verwandelt sich die schaukelnde Plattform für N. in ein Schiffsdeck; da steht jemand mit gespreizten Beinen, die Hände in den Taschen, eine Zigarette zwischen den Zähnen. Salziger Wind bläst ihm ins Gesicht. Die Straßenbahn fährt, schaukelnd, an den Haltestellen klingelnd. Aus eigener Kraft, ohne das Dazutun der Fahrgäste, zieht sie weiter, immer weiter durch die Straßen. Im Fensterrahmen gleiten Ausschnitte von zerbombten und von unversehrten Häusern sowie bedeutungslos gewordene Firmenschilder und Milizposten vorüber. Für einen Augenblick kommen Fußgänger ins Bild; sie bleiben auf ihrem Weg zurück.

Bewegung – klingelnd, schaukelnd, beruhigend geht es dahin.

Da plötzlich – Alarm. Artilleriebeschuß. Alle müssen aussteigen. N. geht in einen Hauseingang. Früher einmal hatte er hier in diesem Haus ziemlich häufig Bekannte besucht. Auch sie waren evakuiert worden. Hier führen ein paar Stufen zu einem Treppenabsatz mit großen Fenstern. An den Fenstern ist man zwar nicht so sicher, aber dafür gibt es dort eine Fensterbank, auf der man sitzen kann.

Im Hauseingang haben sich bereits Menschen angesammelt.

»Es geht los«, sagt jemand.

Die Hausmeisterin ist aufgetaucht:

»Gehen Sie bitte von den Fenstern weg. Kommen Sie hierher.«

»Wozu soll das gut sein. Da sind ja auch Fenster.«

In der Nähe ist eine Detonation zu hören.

»Gehen Sie nach unten, Genossen.«

»Wo stehen Sie denn, Fräulein? Direkt am Fenster. Sie müssen doch keine Zielscheibe abgeben.«

Immer mehr Leute kommen von der Straße herein. Mittlerweile ist es ziemlich voll auf der Treppe.

Sie fluchen auf die Deutschen. Eine Frau auf der Fensterbank erzählt einer anderen unüberhörbar und voller Begeisterung von ihren Eßgewohnheiten. In die Kantine geht sie nicht, dort hauen sie einen bloß übers Ohr, und überhaupt schmeckt das Essen zu Hause ja viel besser. Es ist eine ausführliche Erzählung darüber, daß sie – selbst jetzt noch – so gut kochen kann, daß alle ganz begeistert sind.

Zwei noch recht junge Männer debattieren über die Zerstörungskraft eines Granatsplitters, sie streiten sich darüber, ob er eine oder sogar zwei Hauptmauern durchschlagen kann. Das ist die männliche Neigung zur Verallgemeinerung, insbesondere zu Verallgemeinerungen auf technischem Gebiet. Verworren erzählt der eine, der dümmere von beiden, von einem Haus, das vor einem halben Jahr durch zwei Granaten zerstört wurde. Es drängt ihn, darüber zu sprechen, weil er in jenem Augenblick selbst um ein Haar in den Bäckerladen, der sich damals in diesem Haus befand, gegangen wäre, und er es nur einem glücklichen Zufall zu verdanken hat, daß er in einen anderen ging. Das ist es, worüber er auch heute noch immerfort sprechen will. Doch er bemäntelt diesen Kern bereits durch objektiv bedeutsame Überlegungen über die Zerstörungskraft einer Granate.

Ein Mädchen sagt zu einem anderen:

»Wenn man mich fortließe, ich würde einfach losgehen. Aber das hier, das ist wirklich eine einzige Qual.«

»Wir können doch gehen.«

»Das schon, aber weit kommen wir nicht.«

»Hier in der Gegend steht überall die Miliz herum. Gehen Sie lieber nicht. Gestern war es erst so, daß …«

»Nein, wir wären besser zu dir gegangen, dann würden wir jetzt im Keller sitzen.«

»In welchem Keller?«

»In deinem.«

»Das ist nicht meiner. Hab' auch keinen Schlüssel.«

»Hat deine Tante denn keinen?«

»Ich hab' keinen.«

»Ach, ich bin hundemüde. Also, letzte Nacht hab' ich überhaupt nicht geschlafen. Und seit sechs schon wieder gearbeitet. Kann mich kaum noch auf den Beinen halten. Komm, wir setzen uns ein bißchen auf die Treppe. Hast du eine Zeitung dabei?«

»Was für eine Zeitung?«

»Zum unterlegen.«

»Ach was, unterlegen. Setz dich hin.«

»Also wirklich, wie kann man sich denn so hinsetzen?«

»Habt ihr eigentlich schon die Versammlung abgehalten?«

»Noch nicht. Ach, weißt du, manchmal denke ich, daß man jetzt erstmal die Straßenbahn wieder in Gang bekommen muß. Die Schäden müssen repariert werden. Alles übrige ...«

»Aber du allein bekommst doch keine Straßenbahn und auch sonst nichts in Gang, wenn man die Leute nicht zur Arbeit mobilisiert, wenn sie ihren Einsatzwillen verlieren. Wenn man nicht mit den Menschen redet.«

»Ja, da hast du recht ...«

»Na, bei wem bist du jetzt eigentlich untergekommen?«

»Hör bloß auf. Von denen hab' ich die Nase voll. Ignatjew hab' ich um eine Umzugsgenehmigung gebeten, aber der hat mich bloß aufgezogen und gesagt: Ihnen gefällt's hier wohl nicht? Wenn Sie wollen, könnten Sie ja die Küche für sich alleine bekommen.«

»Vielleicht wäre das ja besser.«

»Was soll daran besser sein. Da ist es dunkel, feucht und Ratten gibt's da auch. Küche bleibt halt Küche.«

Gespräche erschöpfter Menschen, die am Ende ihrer Kräfte sind. Sie sagen das auch, aber sie arbeiten trotzdem weiter. Der springende Punkt ist ja: sie wissen, daß man arbeiten muß. Und diese beiden Mädchen wissen außerdem, daß man den Einsatzwillen der Menschen erhalten muß. Darüber sind sich im Innersten beide einig.

In der Wohnung zur Linken, in der N. vor Zeiten manchmal zu Besuch war, wohnt in einem kleinen Zimmer eine Schneiderin. Sie hat sich nicht evakuieren lassen. Sie kommt gerade hinaus auf die Treppe, um sich von einer Kundin zu verabschieden. So wie diese Kundin aussieht (eine Schauspielerin vielleicht?), ist sie unverkennbar im Besitz zusätzlicher Lebensmittelkarten, und so kann sie also für sich arbeiten lassen ...

KUNDIN: »Was ist denn da draußen los? Haben sie im Radio etwas gemeldet?«

SCHNEIDERIN: »Nicht der Rede wert. Die werden gleich wieder Lieder singen ...«

KUNDIN: »Jetzt schießen die Unsrigen. Nur keine Sorge. Einmal schießen sie, dann singen sie wieder Lieder – eine Komödie.«

»So leben wir halt. Wir leben und sterben. Nein, also ich hab' ja schon immer gesagt: der Tod kommt langsam zu uns, aber stetig. Freilich, jetzt steht's an den anderen Fronten besser. Bei Charkow zum Beispiel. Aber wir kriegen mehr ab als alle anderen, und es ist kein Ende in Sicht ...«

»Schrecklich! Und das Schrecklichste dabei ist, daß die Menschen sich selbst nicht mehr ähnlich sind. Abgestumpft sind sie, hart geworden. Ein Sumpf.«

»Na, immerhin sind Sie doch noch am Leben ...«

»Ich und am Leben! Ja, leb' ich denn überhaupt noch? Kann ich vielleicht noch auf irgend etwas reagieren? Vor zwei Jahren, am zehnten September – an diesen Tag kann ich mich noch ganz genau erinnern – da fielen die ersten Bomben auf unsere Straße. Drei Häuser von uns entfernt. Da dachte ich noch, ich werde verrückt. Als ich dann morgens nach draußen kam und diese Mauern voll Granatsplitter sah, dieses zerbombte Haus, da hab' ich noch so geweint, geschluchzt hab' ich vor Kummer – ja, damals, da war ich noch am Leben. Ich bin weggegangen und bin dann drei Tage lang nicht mehr nach Hause gekommen. Die Nächte hab' ich bei mir auf der Arbeit auf einem Tisch verbracht. Ich glaubte, daß ich verrückt werden müßte, wenn ich zurückkomme und noch einmal dieses Haus sehe. Aber dann, ja ... Dann bin ich auf der Straße sogar über Leichen gestiegen. So ist das. Und dabei war mir zum Lachen, weil sie so dick eingemummt waren. Und weil sie mit ihren Köpfen wackelten. Halb Mensch, halb Puppe. Meine größte Angst war immer, jemanden von meinen Angehörigen zu überleben; dauernd mußte ich daran denken, wie das wohl sein würde. Und mit welcher Gleichgültigkeit hab' ich dann meine Großmutter beerdigt. Dabei hatte ich sie sogar Mama genannt. Na ja, freilich, ein bißchen geweint hab' ich schon, ich will ja nichts sagen.«

»Ihre Großmutter, die war doch so ein liebes altes Persönchen. Immer nett, immer adrett. Sie ist mir oft in der Gasse entgegengekommen.«

»Großmutter war eine wundervolle Frau. Und komisch. Früher konnte sie gar nicht begreifen, wie eine Frau ohne einen Fuchspelz heiraten konnte.«

»Wie denn auch, damals wurde noch für die Aussteuer genäht.«

»Sie hatte sogar eine Rotonde. Ich erinnere mich.«

Ein in der Nähe stehendes Mädchen:

»Wie sieht denn so eine Rotonde aus?«

»Die ist ärmellos. Man trägt sie wie einen Umhang. Brauchte eine Dame damals vielleicht Ärmel? Wozu brauchte die überhaupt ihre Arme? Mußte die vielleicht Körbe schleppen? Auf die Straße ging so eine doch bloß, um sich bewundern zu lassen. Und dabei hüllt sie sich ganz leicht in so eine samtweiche, mit Fuchspelz gefütterte Rotonde. Und schwebt vorbei. Ich hatte Großmutter sehr lieb. Aber als sie dann starb – nichts war mehr übrig. Nein, ich bin abgestumpft, ja abgestumpft bin ich. Kein Mensch mehr, sondern nur noch eine dreckige Brühe. Ein Sumpf. Bei allem so eine Gleichgültigkeit. So eine Gleichgültigkeit.«

Mädchen: »Wir sind so gleichgültig geworden, weil wir wissen, daß wir jeden Augenblick sterben könnten. Darum sind wir so gleichgültig.«

Schneiderin: »Wissen Sie, die Menschen können einfach nicht zwei Jahre hindurch auf all das reagieren. An der Front kann ein Mensch auch nicht mehr normal auf den Tod eines Kameraden reagieren.«

KUNDIN: »Glauben Sie das nur nicht. Die reagieren dort sogar sehr heftig, viel heftiger als wir. Ich war doch in der vordersten Linie. In einem Zelt haben wir da gesessen, und auf einmal fingen sie an, uns von oben her einzudecken, überall im Umkreis krepierten Granaten, und da war auch ein Versorgungsoffizier – noch ein ganz junger – der bekam es mit der Angst, rannte weg und versteckte sich im Heu.«

»Und Sie?«

»Ich bin dageblieben. Die ganze Nacht hab' ich dort gesessen. Den anderen hab' ich gesagt: Ich hab' sowieso Dystrophie. Was kann mir denn schon passieren? Ein ganzes Zelt voller Konserven, Brot und Zucker hatte ich da für mich. Und die Ordonnanz – Kolja – blieb mit mir zusammen da. Alle paar Minuten hat er mich gefragt: »Darf ich Ihnen nachgießen, Fräulein? Möchten Sie noch etwas haben?« Ein Hauptmann war auch noch dort. Schon ein älterer. Ein Mordskerl – der hatte vor rein gar nichts Angst. Er geht nach draußen, gibt einen Befehl. Dann kommt er zurück, legt sich ein Weilchen hin, trinkt Wodka. Am Morgen haben wir dann diesen Versorgungsoffizier gehörig ausgelacht. Nein, glauben Sie das nicht, dort reagieren sie sogar sehr heftig. Na, jetzt mach' ich mich aber auf den Weg.«

»Haben Sie denn keine Angst?«

»Wovor soll ich denn Angst haben? Ich setz' mich in die Straßenbahn und fahre los.«

»Haben Sie keine Angst, daß sie die Straßenbahn einfach wegpusten könnten?«

»Ach, ich hab' vor gar nichts mehr Angst. Ich wünschte, daß mich noch irgend etwas schrecken könnte.«

Die Schneiderin lamentiert, ihre Kundin gibt sich alle Mühe, den eigenen Charakter zu exponieren, und beide erinnern sich sehnsüchtig an Damen in Rotonden, deren Arme keine Arbeit kannten. Aber trotz allem verschließen sie sich nicht vor dem, was hier vor sich geht. Sie mögen sich im einzelnen beklagen oder sich drücken, doch ihre Wertungskriterien sind historisch richtig. Sie wissen, daß alles so sein muß, weil es nicht anders geht. Ihre Wertungskriterien lauten: Hitler ist ein Schurke, der Deutsche ist der Feind, und darum muß man ihn vernichten. Der Hauptmann ist ein Mordskerl, denn er hat keine Angst. Und ich selbst bin genauso ein Mordskerl (ungeachtet aller durch die Dystrophie bestimmten Motive), denn ich habe mich ebensowenig gefürchtet und bin im Zelt geblieben, wenn auch nur, um die Konserven zu essen – nicht darin liegt das Wesentliche. Und der Versorgungsoffizier, der sich versteckt hat – der ist ein Lump.

So spiegelt sich in diesen verwirrten Frauen, die sich nach dem leichten Leben sehnen, wie in einem Zerrspiegel die Meinung der Allgemeinheit wider. Auch jene Frau, die sich in der Rolle des hysterischen Dystrophieopfers gefällt, erfüllt unbewußt ihre Aufgabe, indem sie hierherkommt, um ein Kleid zu bestellen, und zwar ein möglichst schönes, aber auch, weil sie jetzt zur unter Beschuß liegenden Straßenbahnhaltestelle geht.

Eben dadurch, daß sie sich der durchschnittlichen Verhaltensnorm unterwerfen, erfüllen all die hier versammelten Menschen – auch die Räsoneure, Angsthasen und Drückeberger – ihre historische Aufgabe als *Leningrader*.

Keuchend kommt eine ältere Frau mit ihrer noch jungen Tochter und der kleinen Enkelin hereingelaufen.

»Also so eine Gemeinheit! Alle Hauseingänge haben sie zugeschlossen. Wir rennen weg von der Brücke, da sind alle Eingänge zu. Gibt's denn so was? Gemeinheit!«

Eine andere Frau:

»Warum regen Sie sich denn so auf? Sie sind doch aus Leningrad. Und die Leningrader müssen ruhig Blut bewahren.«

»Ja, ruhig Blut. Sie sind wahrscheinlich gesund, aber ich bin ein kranker Mensch – das ist schon ein Unterschied. Sind Sie denn Invalide?«

»Also beinahe schon ...«

»Sind Sie Invalide der zweiten Kategorie? Sind Sie registriert? Nein. Da haben Sie den Unterschied. Sie sind wahrscheinlich nicht ausgebombt, aber mich haben sie ausgebombt. Das ist auch ein Unterschied ... Dieser verfluchte Deutsche! Dieses Ungeheuer! Der schießt und schießt. Wenn sie ihn doch bloß endlich vertilgen würden, den Verfluchten! Warum tut er das bloß?«

Eine dritte Frau:

»Das ist, weil sie Wut haben. Die haben Wut, weil es nicht so klappt. Auf Leningrad haben sie Wut, weil sie nichts ausrichten können. Und darum randalieren sie jetzt eben.«

»Die Schurken, die verfluchten! Auf ihren Fotos sehen sie, daß wir wieder ein wenig zu Kräften gekommen sind – das macht sie wütend. Nichts werden die hier ausrichten.«

»Na, selbstverständlich nicht. Bloß ordentlich eingegraben haben sie sich.«

»Ja, verkrochen haben sie sich. Bloß schade, daß die jetzt den Nutzen von unserer Arbeit haben. Sitzen in den Gräben, die wir gebuddelt haben. Wo wollen Sie denn jetzt hin?«

»Ich geh'. Warum soll ich's nicht einfach mal probieren?«

»Na, weil Sie dafür blechen werden. Vor ein paar Tagen haben sie uns erst fünfzig Rubel Strafe aufgebrummt. Ich sag' noch zu ihm: Wenn er doch bloß von einer das Geld haben wollte, aber er will's von mir und auch noch von meiner Tochter haben. Gibt's denn so was? Und er sagt noch: Sei froh, wenn ich's der da (sie zeigt auf ihre Enkelin) noch nicht abknöpfe. Ja, gibt's denn so was? Woher nur das Geld nehmen? Siebenundvierzig Rubel hab' ich zusammengekratzt. Da will er von meiner Tochter noch wissen, wo sie arbeitet, und sagt, daß er bei ihr auf Arbeit vorbeikommen würde.«

»Ach Unfug, der kommt bestimmt nicht.«

»Nein, wissen Sie, sie arbeitet als Kassiererin. Da glaubt er wohl, daß bei ihr was zu holen ist.«

Die Tochter: »Von meiner Kascha wollte er was abhaben. Die Ernährung ist halt trotz alledem immer noch das Hauptproblem.« (Das kleine Mädchen beginnt zu heulen und am Ärmel der Großmutter zu ziehen: »Ich will gehen, ich will gehen!«)

»Nein, wir gehen noch nicht, wart' noch ein bißchen. Wenn wir erst den Deutschen totgeschlagen haben, dann können wir auch gehen, wohin wir wollen. Wenn wir den Deutschen totgeschlagen haben. Und dein Opa, der verjagt ihn aus Tula. Ihr Großvater ist dort. Mir ging's gleich viel besser, als ich das von Orjol gehört habe. Also haben wir doch noch Kraft ...«

Da haben wir's – diese echte Großmutter redet genauso wie die Großmütter aus den Reportagen und Erzählungen. So etwas hatte es noch nie gegeben. Einzig in der Sprache des Krieges wird der Volksmund für kurze Zeit der Zeitungssprache ähnlich.

Die Essensmanie, die manischen Gespräche über das Essen – all das gewann während der Atempause stark an Boden. In der Periode des großen Hungers hatten die Menschen meistens geschwiegen. Ihre Möglichkeiten waren so begrenzt gewesen, daß für eine psychologische Anreicherung der bloßen Fakten, für ihre Nutzbarmachung durch das ewige menschliche Streben nach der Deklaration des eigenen Werts, kein Raum mehr blieb.

Die Quantität des Leidens verursacht eine andere Qualität der Empfindungen. So spüren Schwerverwundete im ersten Augenblick keinen Schmerz, und Erfrierende fühlen sich kurz vor ihrem Ende noch wohl. Echter Hunger ähnelt bekanntermaßen keineswegs dem Verlangen zu essen. Er trägt verschiedene Masken. Er konnte sich hinter Schwermut oder Gleichgültigkeit, hinter wahnsinniger Hast oder Grausamkeit verstecken. Am ehesten war er einer chronischen Krankheit ähnlich. Und dabei spielte – wie bei jeder Krankheit – die Gemütsverfassung eine entscheidende Rolle. Nicht diejenigen, deren Gesichter am fahlsten, am ausgezehrtesten oder am meisten aufgedunsen aussahen, waren zum Untergang verurteilt, sondern jene, deren Gesicht seinen Ausdruck, den wild entschlossenen Blick, verloren hatte, Menschen, die vor einem Teller Suppe zu zittern begannen.

A. kam immer mit geschwollenen, dunkelroten Lippen in die Kantine; doch das war nicht das Schlimmste. Einmal war von den Tischen der Kantine das Salz verschwunden, und es wurde eine kaum gesalzene Kascha ausgegeben. Das brachte A. zur Verzweiflung: Er hastete von einem Tisch zum nächsten und murmelte dabei: »Man kann doch keine ungesalzene Kascha ... das geht doch nicht .... Mein Gott, ach warum hab' ich mir denn bloß keins mitgenommen ...«

So etwas war ein schlechtes Zeichen.

Als B. einmal in die Kantine kam, trug er einen Mantel, aus dem in Bauchhöhe ein großer Stoffetzen herausgerissen war. Er ließ sich diesbezüglich auf keinerlei Erklärungen ein. Er saß in diesem Mantel am Tisch und unterhielt sich mit seinen Nachbarn. Doch plötzlich fischte seine Nachbarin einen Teelöffel voll Pflanzenöl aus ihrer Kascha und tat dieses Öl in einen schmutzigen Teller, den jemand dort stehengelassen hatte. »Sie sind aber allzu verschwenderisch«, sagte B. distinguiert, er fing das Pflanzenöl mit seinem Löffel auf und aß es. Kaum zwei Wochen später starb er dann im Krankenhaus.

Während des Bürgerkriegs hatte man (vor allem in der

Provinz) anders – spontan und chaotisch – gehungert. Wunderliche Dinge hatte man damals gegessen: Schuppen, Ratten usw., dabei immer etwas Neues ausprobiert und kombiniert; und plötzlich konnte man wieder irgendwo einen Sack Kartoffeln auftreiben. Der Blockadehunger war dagegen recht gut organisiert. Die Menschen wußten, daß sie von irgendeinem Unsichtbaren jenes Minimum bekommen würden, das für die einen zum Leben und für die anderen zum Sterben reichte – wer, das entschied der Organismus.

Monoton schleppten sich die Menschen in den Bäckerladen, in die Kantine und warteten auf die Entscheidung. Sie mußten sich der Unabänderlichkeit ihrer einhundertfünfundzwanzig Gramm beugen, unabänderlich waren ihr Teller Suppe und ihre Portion Kascha, die auf einer Untertasse Platz fand. Was darüber hinausging, konnte man weder kaufen noch organisieren, weder stehlen noch erbetteln. Freunde und Brüder saßen beisammen, und jeder klammerte sich an seine einhundertfünfundzwanzig Gramm. Welche Höllenqualen man auch litt, man durfte selbst seinen besten Freund nicht darum bitten, und wenn der Freund sie einem von sich aus anbot – dann durfte man sie nicht annehmen (solange man noch bei Verstand war).

Knut Hamsun hat einen völlig anderen Hunger beschrieben: jenen Hunger, der aus der Armut resultiert, der von Versuchungen und Hoffnungen begleitet wird. Da findet der Mensch dann unvermutet Arbeit, oder man borgt ihm etwas, und dann stiehlt er auf einmal, er erbettelt sich etwas, oder aber er findet einen geeigneten Vorwand, um sich bei Bekannten zum Mittagessen einzuladen … Die hungrigen Begierden eines armen Schluckers werden überschattet von Fehlschlägen, von Neid und Erniedrigung, doch sie sind noch nicht durch eine Unabänderlichkeit erstickt.

Im Frühling hatte man dann den Markt eröffnet, und allmählich verkrochen sich die Spekulanten. Es zeigte sich, daß man Grünzeug und sogar ein Glas Hirse oder Erbsen kaufen konnte – es war zwar unwahrscheinlich teuer und schwierig, aber doch immerhin möglich. Daß Geld nun wieder zu einem relevanten Faktor wurde, bedeutete einen geistigen Wendepunkt. Neue Möglichkeiten kamen in Sicht, und im Umkreis dieser Möglichkeiten begannen die Leidenschaften und Interessen ihr Spiel. Genau damit rückte auch das Essen in den Mittelpunkt der geistigen Kräfte (im Winter wurde – wenn überhaupt – nicht darüber gesprochen, wie jemand aß, sondern darüber, wie jemand starb). Das Essen rückte in den Bereich des Realisierbaren, und unverzüglich wurde es durch verschiedene psychologische Details bereichert.

Vor dem Hintergrund der allgemeinen, die gesamte Stadt erfassenden Evolution legte jeder einzelne seinen eigenen Weg zurück – von Unverständnis und Leichtsinn bis hin zum Hungertrauma. Das Individuelle wurde hierbei zu einem Teil des Kollektiven, zum Teil der typischen Reaktion der jeweiligen Bevölkerungsschicht auf die Hungertragödie.
So gab es auch eine für die Intellektuellen der dreißiger Jahre typische Reaktion; das waren mehr oder weniger junge Männer und Frauen, deren erklärtes Ziel es war, so wenig Zeit und Energie wie nur möglich für Versorgungs- und Haushaltsprobleme zu verschwenden. Wer diesem Kreis angehörte, durfte nicht für das eigentliche Essen Interesse zeigen, sondern nur für die dazugehörigen psychologischen Attribute: Gemütlichkeit, Entspannung, ein Gespräch unter Freunden (bei einem Glas Wodka), ein ausgeklügeltes Abendessen zu zweit. Andernfalls hätte ein Interesse für das Essen bereits die Abhängigkeit von niederen Instinkten offenbart.
Das Wesen der Blockade begann sich bereits abzuzeichnen, doch die Intellektuellen von diesem Schlag waren immer

noch stolz auf ihre Unabhängigkeit von niederen Instinkten, was – in der ersten Zeit – ein naives Nicht-Verstehen des Hungers zur Folge hatte. Das heißt, sie begriffen durchaus, daß es Hunger gibt – auf dem Lande, vor allem aber in der Wüste, wo es auch Kamele und Fata Morganen gibt; daß ein Mensch, der dort viele Tage absolut nichts zu essen findet, schließlich qualvoll stirbt. Aber von der Dystrophie hatten sie keine Ahnung, und sie konnten nicht glauben, daß die Bewohner einer Großstadt vor Hunger sterben könnten.

Wie vielen anderen, so war auch N. der Beginn der furchtbaren Hungerepopöe der Stadt entgangen, diese zunehmenden Einschränkungen, die sich zunächst noch verhältnismäßig leicht ertragen ließen. Er staunte (er staunte überhaupt gern), als jemand sagte: »Nun ist er da – der Hunger ...« Er staunte auch, als seine Nachbarin mit ihrem zweijährigen Kind auf einmal nicht mehr in den Luftschutzkeller ging, weil sie glaubte, daß ihr Untergang sowieso besiegelt sei – wenn nicht durch die Bomben, dann eben durch den Hunger (im Februar war sie dann tatsächlich gestorben). Sein Staunen und Nicht-Verstehen gefielen ihm, weil er sie für Kennzeichen eines besonders wachen Geistes hielt.

Schließlich war eine Zeit gekommen, als es schlechterdings unmöglich war, nicht zu verstehen. Um ihn herum starben die Menschen, aber sie starben anders, als man in der Wüste stirbt. Über die ersten Todesfälle im Bekanntenkreis dachten die Menschen noch nach (und ich kannte ihn doch? am hellichten Tag? in Leningrad? ein Kandidat der Wissenschaften? verhungert?), und solange man noch miteinander sprach, erzählte man sich voll Grauen, daß seine Frau noch kurz vor dem Tod ihres Mannes für fünfhundert Rubel ein Kilo Reis gekauft habe, um ihn irgendwie zu retten.

Die Gespräche waren nach und nach auf ein bloßes Konstatieren von Fakten zusammengeschrumpft. Mit dem Frühling wurden sie wieder vielfältiger, doch im Winter hätten sie eine allzu naive Beschäftigung bedeutet. Da hatte sich alles um die Brotration, um das Mittagessen gedreht. Aber dabei war noch das Schlimmste, daß das Mittagessen, das dem Menschen nun nach den Gesetzen der neuen Wirklichkeit zugeteilt wurde, ihm gar nicht gehörte. Nach den Gesetzen der neuen Wirklichkeit stand Personen mit einer Lebensmittelkarte für nicht-berufstätige Familienangehörige kein Mittagessen zu, die Karte für Familienangehörige erstreckte sich nicht auf das tägliche Mittagessen. Und der Blockademensch, der eine Zuweisung für eine Behördenkantine besaß – teilte. Mal aß er nur Suppe, mal nur Kascha oder nur eine halbe Portion Kascha. Den Rest trug er im Blechnapf oder in einem Plastikschächtelchen nach Hause. Es war seltsam, daß man eine halbe Kascha in solch fröhlich wirkenden blauen und gelben Schächtelchen nach Hause trug. Das Teilen schmerzte, und die Teilenden warfen denjenigen, die ihr Mittagessen ganz allein aufessen konnten, neidische Blicke zu. Das gab es übrigens nur selten, vor allem in der Anfangszeit, als die Familienangehörigen noch nicht gestorben oder evakuiert waren. Die Teilenden beneideten die Nichtteilenden weniger um ihre Sattheit als um ihr ungetrübtes Erleben des Mittagessens.

Einmal waren am Tisch einer Behördenkantine zwei Menschen zurückgeblieben. Der eine hielt ein blaues Schächtelchen in der Hand und füllte traurig Löffel für Löffel seine Kascha hinein – die halbe Portion, die er nicht aufgegessen und auf seinem Teller übriggelassen hatte. Der andere hatte schon aufgegessen; er verfolgte aufmerksam, wie die schlüpfrige Masse vom Löffel rutschte. Und plötzlich sagte er:

»Sie können wirklich noch teilen? Ja? Also ich kann es nicht mehr ... Wissen Sie, ich kann nicht mehr teilen ...«

Und für einen Augenblick durchflutete den Teilenden dann eine Woge von Stolz und Kraft.

N. hatte schließlich verstanden. Doch am schlimmsten wurde es für ihn zu einer Zeit, als es scheinbar schon wieder leichter geworden war: da bekam er schon vierhundert Gramm auf seine Arbeiterkarte. Diese vierhundert Gramm konnten den Prozeß der Auszehrung nicht aufhalten. Still und leise hatte sich die Auszehrung ihrem Wendepunkt genähert. Und kaum hatte sie diesen Punkt erreicht – schon begann die Unmäßigkeit. N. aß nun alles, was er besaß, unverzüglich auf. Zunächst noch ohne Vorbedacht, jedes Mal mit dem Gefühl, eine Sünde zu begehen, doch schließlich war es für ihn bereits zum Prinzip geworden.

Mit dem Brot trug es sich folgendermaßen zu: er bekam immer am frühen Morgen seine vierhundert Gramm, die kleinen Zuwaagen verschlang er auf der Stelle, das große Stück hingegen trug er in die Behörde, in der er arbeitete und wo er auch auf einem wachstuchbezogenen Sofa übernachtete, denn bei ihm zu Hause lag die Temperatur weit unter Null. Er setzte sich in irgendeinem leeren Dienstzimmer an den Schreibtisch und schnitt mit dem Federmesser das erste Scheibchen von seinem Brotstück ab – dabei maß er mit seinen Augen ungefähr ab, wieviel er davon am Morgen essen dürfe. Je näher er dieser Grenzlinie kam, desto größer wurde seine Sehnsucht nach dem Brot. Er schnitt eine weitere (noch dünnere) Scheibe ab, damit war die Grenzlinie bereits überschritten. Dann noch eine. Dies war bereits von dem Gefühl, eine Sünde zu begehen, begleitet. Schließlich, als die Grenzlinie bereits unwiderruflich verletzt war, kam ihm der wilde und zugleich schrecklich einfache Gedanke: was hinderte ihn eigentlich, jetzt gleich alles bis auf den letzten Krümel aufzuessen? Einen Moment lang schwankte und zögerte er, er zögerte und stürzte ab. Das Verbot, das Zögern, die Hemmungen öffneten sich einem einzigen Abgrund – unaufhaltsam stürzte er mit geschlossenen Augen in die Tiefe. Kaum war das Verbot durchbrochen, konnte er sich sogar der Illusion hingeben, daß er im Augenblick eigentlich gar nicht alles bis auf den letzten Krümel aufessen wolle, daß sogar noch recht viel Brot übrig sei; doch freilich verschwand diese Illusion gemeinsam mit den folgenden zwei oder drei Scheiben.

Ein Kollege hatte N. den Zutritt zu einer Kantine verschafft, in der man diskret die Marken im voraus annahm und in der manchmal auch etwas Zusätzliches, gewöhnlich auf die Marken Verstorbener, gekocht wurde. Als N. dann zum ersten Mal beschloß, zwei Hauptgerichte nacheinander zu essen, war es ihm fast unwahrscheinlich vorgekommen, daß sich diese Absicht wirklich realisieren ließe. Es bedeutete einen Umsturz, die Veränderung eines Lebensprinzips. Eine Erhöhung der Brotration oder der Norm für die Graupeneinlage der Suppe – das waren bemerkenswerte Dinge, aber dadurch wurde das Prinzip nicht verändert; jenes Prinzip, das ein Mittagessen zu einer in sich geschlossenen, unverrückbaren Einheit machte. Diese geschlossene Einheit konnte doch nicht auf einmal durch einen zusätzlichen Teller Suppe erweitert werden.

Allerdings gab es eine Situation im Blockadealltag, in der dieser Kreis für kurze Zeit aufgebrochen wurde. Dann nämlich, wenn einer der Angehörigen gestorben war und man bis zum Monatsende seine Karte mitbenutzen konnte.

In irgendeinem Winkel irgendeiner Behörde stand eine in mehrere dicke Tücher gehüllte Frau. Mit düsterer, unbeweglicher Miene aß sie Löffel für Löffel ihre Kascha aus einer Konservendose. Nach damaligen Begriffen war es ziemlich viel Kascha.

»Meine Mutter ist gestorben«, sprach sie einen mit ihr nur

flüchtig bekannten Menschen an, der an ihr vorübergehen wollte, »die Kascha hier habe ich auf ihre Marken ... Das ist so traurig, so unwahrscheinlich traurig. Und diese Traurigkeit will einfach nicht vergehen. Da hab' ich gedacht – wie schön das sein muß, drei oder vier Portionen Kascha auf einmal zu essen ... Aber es geht nicht, ich will nicht ... Ich schlucke und schlucke, denn davon müßte doch die Traurigkeit, die da irgendwo tief in mir drinnen sitzt, allmählich weniger werden. Diese Kascha, dieser Brei, der müßte doch nach unten rutschen und die Traurigkeit unterdrücken oder sie wenigstens zudecken. Und ich esse und esse, aber die Traurigkeit will einfach nicht vergehen.«

Der Frühling rückte heran, doch den Menschen ging es sehr schlecht, vielen sogar schlechter als in den Zeiten der einhundertfünfundzwanzig Gramm (denn damals waren ihre Kräfte noch nicht aufgezehrt gewesen), und doch schien ihnen ihr eigener Zustand bereits weniger wichtig als ihr Wunsch zu essen ... Die Menschen ergriff ein leidenschaftliches Verlangen nach Essen.

Wenn N. sich an den Winter zurückerinnerte, fiel ihm im Grunde weniger das Essen oder der Hunger ein, als vielmehr diese chronische Krankheit mit ihren verschiedenartigen Symptomen, er erinnerte sich an die verschiedenen Masken des Hungers, an seine psychologischen Kehrseiten. All dies war jedoch weit weniger animalisch und entwürdigend gewesen als das, was nun in ihm vor sich ging, da das Leben allmählich wieder leichter wurde. Das Verlangen zu essen war allgegenwärtig. Mit wahnwitzigem Leichtsinn, der nun schon System hatte, verschwendete er seine Marken. Er füllte seinen Teller mit drei Portionen Kascha auf einmal, nur damit es nach mehr aussah. Und er verfiel in Verzweiflung, weil es immer noch so wenig war. Nach all der langen Zeit, in der er an gar nichts mehr gedacht hatte, begannen nun seine Gedanken nicht nur um das Essen zu kreisen, er war vielmehr von dieser manischen Konzentriertheit seines Denkens völlig in Bann geschlagen. Wenn er eine Straße entlangging, rief er sich dabei der Reihe nach alles ins Gedächtnis, was er am Morgen oder am Vortag gegessen hatte, er überlegte, was er heute noch alles essen könne, oder verlor sich in Berechnungen, die sich stets um Zuteilungen und Lebensmittelmarken drehten. Und er grübelte so vertieft und angestrengt, wie er es früher nur getan hatte, wenn er beim Schreiben über etwas äußerst Wichtiges nachdachte. Diese seltsame, verzerrte Widerspiegelung des tätigen Intellekts – sie war das Allerentwürdigendste. Und durch den Nebel der Dystrophie dämmerte ihm, daß dieses verschobene Funktionieren des Intellekts überhaupt das Schmachvollste ist, bei weitem schmachvoller als alle Bedürfnisse des Körpers. Wir können das unglücklicherweise nicht wirklich begreifen ... oder vielleicht ist das ja gerade unser Glück?

An den Tagen, an denen er Lebensmittel bekommen oder eingekauft hatte, gelang es ihm manchmal, zu Hause Reserven anzulegen. Dies ließ sogar Zuversicht dem Leben gegenüber aufkommen. Während er arbeitete, konnte sich der Mensch dann jederzeit der plastisch konkreten Vorstellung hingeben: auf dem zweiten Regalbrett steht ein kleines Glas, zu einem Drittel gefüllt mit goldglänzender Hirse, im Glas daneben liegen silberne Sprotten in sanftem Schlummer. Und die Sprotten und die Hirsekörner – sie sind schön.

Viele hatte nun jede Befangenheit verloren. Der Schriftsteller W. meinte beispielsweise:

»Wissen Sie, wenn ich jetzt zu Bett gehe, denke ich mir vor dem Einschlafen zum Spaß den Speiseplan eines erfolgreichen Tages aus. Zum Beispiel: Frühstück – grüne (d. h. aus Kraut bereitete) Kascha mit in Ölfirnis gerösteten Brot, danach Tee mit gedörrtem Brot; Mittagessen – zwei Teller Hafersuppe und danach Hirsekascha. Zu Hause dann –

zwei Tassen Sojamilch (die kann man sich aus der Kantine mitbringen) und Bonbons; Abendessen – Fladen aus Grünzeug und Brotkrumen (das Brot hebe ich mir vom Mittagessen auf). Oder zum Beispiel: Frühstück – auf dem Markt gekaufte Runkelrübe mit Pflanzenöl bestrichen; Abendessen – Auflauf aus Sojawurst ...«

Manchmal gab es Augenblicke der Euphorie. Dann wollte man sich sattessen bis zur Übelkeit, bis zum Ekel vor dem Essen, ja bis zum Erbrechen – und zwar nur, um endlich dieser Schmach ein Ende zu bereiten, einfach um seinen Kopf wieder freizubekommen. Aber das dystrophiekranke Hirn wurde zugleich von der Furcht beherrscht – was nun, wenn danach gar nichts mehr übrigbleibt? Wenn sich dieser Komplex von Wunsch- und Zielvorstellungen plötzlich verflüchtigt hat?

Aber womit hatte das alles denn nur eine so widerwärtige Ähnlichkeit? Hatte es denn im früheren Leben nicht schon einmal etwas Ähnliches gegeben? Ach ja, natürlich – es ist genau wie bei einer mißglückten Liebesbeziehung, wenn sich eine feste Bindung allmählich löst und der Mensch bereits weniger fürchtet, er müsse mit der Liebe auch seine Hoffnung oder seine Gefühle aufgeben, als er vielmehr Angst davor hat, auf das gewohnte wohltuende Ausfüllen des Vakuums zu verzichten.

Als N. einmal in der Redaktion an seinem Schreibtisch saß, konnte er sich nicht mehr beherrschen und murmelte vor sich hin:

»Hauptsache – bloß nicht ans Essen denken.«

Im selben Zimmer saßen außer ihm noch zwei seiner Kollegen, ein Mann und eine Frau. Die Frau sagte eilig:

»Ich denke überhaupt nicht daran.«

»Du lügst«, dachte N.

Der Mann aber setzte ein unangenehmes Lächeln auf und sagte:

»Das geschieht uns recht, weil wir nicht an der Front sind. Dafür, daß wir nicht an der Front sind, müssen wir eben bezahlen. Oder? Dafür, daß wir uns bloß um unser liebes Leben zu sorgen haben.«

»Die an der Front denken nicht ans Essen«, dachte N.

Mit dem Ende des Winters wurden die Gesetze des genormten Daseins durchlässiger. Man konnte nun manchmal bestimmte höhere Zuteilungen bekommen, konnte zusätzlich etwas einkaufen, konnte irgendwo Sojamilch auftreiben, und später gab es dann auch den Markt für Kraut und Brennesseln. Den Winter hatten jene Menschen am besten überstanden, denen es mit Hilfe ihres Selbsterhaltungstriebs gelungen war, das verderbliche Thema des Essens aus ihrem Bewußtsein zu verdrängen. Mit dem Auftauchen neuer Möglichkeiten fielen die schützenden Verbote, und die Anziehungskraft des Essens trat machtvoll ins Bewußtsein.

Seit jeher ist das Essen – in all seinen vielgestaltigen sozialen Ausprägungen – ein Objekt der Sublimation. Erinnern wir uns nur an seine rituelle Verknüpfung mit Feierlichkeiten und wichtigen Ereignissen, an das Ritual der gesellschaftlichen Empfänge und Festessen, an den Stellenwert des gemeinsamen Mittagessens im täglichen Leben von Gutsbesitzer- oder Bürgerfamilien, an die unvergängliche Bedeutung eines Abendessens zu zweit.

Die Blockademenschen bewirteten einander nicht. Das Essen hatte aufgehört, ein Mittel der Kommunikation zu sein.

»Entschuldigen Sie bitte, daß ich so spät komme«, sagte X. zu Y., als er einmal in Geschäften gerade in jenem Augenblick bei ihm hereinschneite, als Y. auf der Wremjanka Fladen buk. »Ich habe Sie gestört. Das Essen gehört jetzt zur Intimsphäre.«

Während X. das sagte, nahm sein Gesicht einen seltsamen, unmenschlichen Ausdruck an. Ja, das Essen war zu einer intimen und grausamen Angelegenheit geworden.

Es gibt jedoch keinen menschlichen Tätigkeitsbereich, der nicht von der Psychologie bestimmt wäre. Nachdem das Essen seine ursprünglichen psychologischen Attribute eingebüßt hatte, nahm es sehr bald andere an. War es ehedem nur ein Teil des Tagesablaufs gewesen, so war das Essen nun gleichbedeutend mit dem Ablauf eines Tages; hatte es früher nur den Rahmen für wichtige Ereignisse geliefert, so war es nun selbst zum Ereignis geworden, war es gleichzeitig Teil sozialer Verwirklichung und unverhüllter Geschmacksempfindungen.

Die Menschen, die an Beefsteaks und leckere Vorspeisen gewöhnt waren, entdeckten nun den Geschmack von Kascha, von Pflanzenöl oder Haferfladen, vom Geschmack des Brotes ganz zu schweigen. Die Phantasie schweifte – entsprechend der jeweiligen geistigen Verfassung – in verschiedene Richtungen. Die einen hatten das surrealistische Traumgebilde einer gebratenen Gans vor Augen oder von Blätterteigpiroggen mit Sardinen. Die anderen träumten davon, viel, ganz viel von dem essen zu können, was sie gerade aßen. Sie wünschten sich, die gerade erlebte Geschmacksempfindung ins Unendliche ausdehnen zu können.

Der Traum, im Restaurant Haselhühner zu essen – das war etwas Abstraktes, doch was man gerade aß, das war real. Der Wunschtraum beschränkte sich darauf, daß dieses Reale riesige Ausmaße annehmen solle. Sich eine solche Menge zu erträumen bedeutete nicht nur eine Übersteigerung des Sättigungsgefühls, sondern zugleich auch ein Ankämpfen gegen die Schwermut und gegen die Angst, die von der Kurzlebigkeit, von der Augenblicksexistenz einer Portion hervorgerufen wurde – auch wenn es eine doppelte oder gar eine dreifache Portion war.

Die Menschen entdeckten eine Vielzahl neuer Geschmacksempfindungen, doch die meisten dieser Entdeckungen hatten mit dem Brot zu tun. Das Brot stellte ein besonders wenig erforschtes Gebiet dar, denn vor dem Kriege hatten viele Intellektuelle nicht einmal genau gewußt, wieviel ein Kilo Schwarzbrot eigentlich kostet.

Manche wurden nun im wahrsten Sinne des Wortes von einer Brotmanie beherrscht. Brot allein, unser täglich Brot ... Andere nahmen das Brot zum Ausgangspunkt für ihre Träume. Sie ersehnten sich zum Beispiel einen dunklen Brotlaib, von dem sie eine dicke Scheibe nach der anderen abschnitten und sie dann in Pflanzenöl tauchten. A. F. meinte, er habe nur einen einzigen Wunschtraum – ewig süßen Tee zu trinken und dazu Buttersemmeln. Die dritten variierten das Brot- und Getreidethema. Sie dachten an Mehlkascha, die Wonnen eines verklebten Mundes, dachten an Haferkascha, an ihren zärtlichen Schleim, dachten an schwere Bandnudeln.

Im Frühling röstete oder dörrte man sich sein Brot bereits. Besonders gut schmeckten zum Tee dick abgeschnittene Brotrinden, die – hatte man sie langsam von außen her getrocknet – im Inneren ihre ursprüngliche Frische bewahrten. Wenn man sein Brot nicht gleich mit den Fingern aus der Bratpfanne fischte, sondern beim Essen Messer und Gabel benutzte – dann entstand daraus sogar eine richtige *Mahlzeit*.

S. erzählte mir, daß er während der Blockade einmal aus dienstlichen Gründen bei Privilegierten zu Hause gewesen sei. Die Hausherrin bewirtete ihn mit Tee und sagte:

»Sie brauchen sich mit dem Brot wirklich nicht zu genieren. Wir haben mehr als genug davon.«

S. sah in den Brotkorb und erblickte das Unmögliche: ganz normales Brot, wie früher, vor der Blockade. Ein ganzer unbewachter Laib. Eine Semmel, große und kleine

Brotstücke lagen mit kleineren Scheibchen und Krümeln kunterbunt durcheinander. Die Semmel hatten sie obendrein sogar vertrocknen lassen.

S. aß, ohne sich zu genieren, aber auch ohne irgendwelche Gier nach diesem Brot zu verspüren; Enttäuschung erfüllte ihn. Im Traum wäre jenes Übermaß an Brot durchaus am Platz gewesen, doch in der Wirklichkeit erforderte dieses Brot offensichtlich eine andere, nicht durch die Blockade geprägte Apperzeption.

Im Frühling war der dystrophiekranke Mensch wieder soweit bei Kräften, daß er sich aufs neue danach sehnte, Stolz und Selbstbestätigung zu empfinden. Die einen bewiesen besonderes Geschick dabei, Nahrung aufzutreiben, sie gut einzuteilen und zuzubereiten – und sie waren stolz darauf, denn es erschien ihnen als Zeichen ihrer Stärke. Andere, die sich dabei weniger geschickt anstellten, waren gerade darauf stolz und hielten es für ein Zeichen geistiger Überlegenheit. Als der Markt wiedereröffnet wurde, waren die einen stolz, wenn sie besonders günstig Kraut oder Brennesseln eingekauft hatten, die anderen – gerade dann, wenn sie besonders viel Geld dafür ausgeben konnten.

Eine Sonderration für Akademiemitglieder, ein Mittagessen ohne Marken, ein Päckchen vom Festland – solche Dinge hatten nun den Stellenwert einer Beförderung, eines Ordens oder einer lobenden Erwähnung in der Zeitung. Außerdem traten in diesem Zusammenhang die hierarchischen Strukturen mit ungewöhnlicher Schärfe und Brutalität zutage. Der Schriftstellerverband erhielt nun manchmal Paketsendungen aus Moskau. Das waren erstaunliche Pakete – voller Schokolade, Butter, Zwieback, Konserven und Konzentraten. Der Vorstand des Verbandes setzte die Höhe der Zuteilungen fest. Nach einer Liste, die der Lagerist, der die Butter abwog, in Händen hatte, erhielten manche der Mitglieder des Schriftstelleraktivs ein Kilo achthundert Gramm Butter, andere – ein Kilo (wer nicht Mitglied des Aktivs war, bekam von den Lebensmittelsendungen überhaupt nichts). Wer ein Kilo achthundert Gramm bekam, schämte sich zwar, darauf stolz zu sein, aber er schaffte es auch nicht, überhaupt keinen Stolz zu empfinden. Wer nur ein Kilo bekommen hatte, konnte sich über die Butter nicht mehr freuen. Vermutlich hätten sich viele über fünfhundert Gramm weitaus mehr gefreut, wenn man sie ihnen für literarische oder gesellschaftliche Verdienste zuerkannt hätte.

So also kehrte der Blockademensch mit seiner Beute nach Hause zurück. Er trug sie in seiner Aktentasche, im Eßgeschirr oder im Einkaufsnetz – Brot, das er auf seine Karte der ersten Kategorie erhalten hatte; Suppe, die er ohne Marken bekam; zwei oder drei Runkelrüben, die er für den Preis erstanden hatte, den die Spekulanten festsetzten. Der Wissenschaftler trug seinen halben Laib, den man ihm für eine Vorlesung in der Brotfabrik gegeben hatte; der Schauspieler trug behutsam sein Köfferchen, in dem sich einige Stücke Zucker befanden, die man ihm nach seinem Auftritt zugesteckt hatte – ähnlich freudetrunken wie über eine ausverkaufte Vorstellung. Der Mensch trug seinen sozialen Status nach Hause.

In dieser Hinsicht gab es wesentliche Unterschiede zwischen Menschen, die allein lebten – ihre Zahl nahm ständig zu, da in jeder Familie einige starben, andere aufs »Festland« evakuiert wurden –, und jenen, die noch Angehörige hatten, denen auf ihre Lebensmittelkarte für nichtberufstätige Familienmitglieder noch nicht einmal eine Suppe täglich zustand.

Ein Blockademensch, der Lebensmittel beschaffen konnte, hatte eine zwiespältige Beziehung zu seinen Familienangehörigen. Es war eine verhängnisvolle, häufig tödliche Beziehung, denn der Lebensmittelbeschaffer teilte, das Teilen aber erlebte er als ein ewiges Wechselbad von Grobheit und Reue, von Grausamkeit und Mitleid. Doch zugleich waren jene – die zu Hause Wartenden – ein letztes ethisches Faktum, das naheliegendste Symbol sozialer Verantwortung. So gab es also Menschen, die ihre Beute nach Hause trugen, um sie in ihrer verlassenen Behausung wortlos zu verschlingen. Und es gab jene anderen Menschen, die, wenn sie nach Hause kamen und ihre Beute auf den Tisch legten, andere Menschen dadurch in Begeisterung versetzten.

Eine der von mir gesammelten Blockadegeschichten ist die Geschichte von O., der zu jenem Kreis von Menschen gehörte, die von Zeit zu Zeit ein Kilo achthundert Gramm Butter, aber auch Zwieback und Konzentrate erhielten. Seine Schwester (sie war um viele Jahre älter als er) war in Leningrad geblieben. Alle Angehörigen seiner Schwester waren auf unterschiedliche Weise umgekommen, also war er gezwungen, seine Schwester bei sich aufzunehmen – damals war sie schon unheilbar dystrophiekrank.

O. war ein Mensch, der sein Leben rationell und systematisch zu organisieren verstand. Doch in seinem Blockadealltag, den er durch vernünftige, zielgerichtete Willensanstrengungen zu bewältigen versuchte, stellte seine Schwester die Quelle einer hartnäckig Widerstand leistenden Unordnung dar. Er ärgerte sich über ihre immerzu wachsende Nutzlosigkeit und über die Opfer, die er ihretwegen gebracht hatte und weiterhin für sie bringen mußte. Und mit einer Grobheit, über die er selbst staunte, sagte er ihr das ins Gesicht. Doch daneben existierte auch eine Bewußtseinsschicht, die ihm verdeutlichte: Ein Leben ohne seine Schwester käme einem undurchdringlichen Schweigen gleich, das kein Ende kennt. Auch die kleinen Erholungspausen und Vergnügungen, die er sich jetzt erlaubte, wären dann nicht mehr möglich. Immerhin wurden das Zubereiten und Aufnehmen der

Nahrung auf diese Weise nicht zu geheimen Manipulationen eines Wahnsinnigen, sondern erhielten durch die Anwesenheit einer zweiten Person den Anflug von Menschlichkeit. Er betrachtete diese Frau, die sich nur noch in der Nähe der Wremjanka bewegte, er blickte auf ihre kleinen Hände, die, schwarz und sehnig, wie sie nun waren, ganz anders aussahen als früher – und er sagte grob (grob nur deshalb, weil er sich die Grobheit bereits angewöhnt hatte) zu ihr: »Wir essen jetzt. Stell die Teller hin. Wisch sie sauber, damit man sich wie ein Mensch zu Tisch setzen kann. Räum die Schweinerei hier weg ...«

Die dystrophiekranke Schwester war objektivierendes Medium, sie war ein Auditorium, und außerdem wußte sie seine Verdienste – die Konzentrate und den Zwieback, die er wegen seiner ziemlich hohen Stellung innerhalb der Hierarchie bekommen konnte – zu schätzen.

Das also ist die Blockadegeschichte von O., eine Erzählung von Mitleid und Grausamkeit.

Es gab zwei fundamentale Systeme: Die einen verteilten ihr Essen über den ganzen Tag, die anderen aßen sofort alles auf, was sie besaßen. Die Menschen der ersten Gruppe ergriffen Maßnahmen gegen sich selbst. Sie wußten, daß ihr Essen dann am besten geschützt ist, wenn es abgeschlossen ist – wie zum Beispiel Konserven, ein noch nicht gesäuberter Hering oder Sojawurst, solange ihre Pelle unversehrt ist. Die anderen behaupteten dagegen, es sei besser, sich wenigstens ab und zu richtig satt zu essen, als seinen Hunger immer nur zur Hälfte zu stillen. Die einen waren stolz auf ihre Selbstbeherrschung und verachteten zugleich die anderen für deren Undiszipliniertheit. Die anderen dagegen waren stolz auf ihre Kühnheit und Risikobereitschaft, und sie verhielten sich gegenüber den ersteren wie Aufrührer zu Spießbürgern.

In der Zeit des großen Hungers war es eine ganz einfache Frage: Ißt der Mensch seine einhundertfünfundzwanzig Gramm auf einmal, oder verteilt er sie auf zwei oder drei winzige Portionen? Als sich die Lebensumstände wieder besserten, vervielfältigten sich die Fragen. Es bildeten sich verschiedene Spielarten des Essens heraus, zu denen man auch eine unterschiedliche emotionale Beziehung hatte.

So gab es das rationierte Essen, das fast kostenlos war, für das man jedoch mit seinen kostbaren Lebensmittelmarken bezahlen mußte. Die psychologischen Attribute dieses Essens waren Grausamkeit und unabänderliche Begrenztheit. Deshalb machte dieses Essen traurig. Daneben gab es die Extrazuteilungen: Sojabohnen, Sojamilch, der berühmte Schrot (aus Sojaabfällen), der alle in Erstaunen setzte, die es vom »Festland« oder von der Front nach Leningrad verschlug, des weiteren fleischlose Knochen (das Fleisch hatten bereits andere gegessen), aus denen man sich Sülze kochte. Dieses Essen stimmte optimistisch, es war wie ein Geschenk oder wie ein richtiger Lotteriegewinn, und man durfte dieses Essen ohne jedes Schuldgefühl auf der Stelle vertilgen.

Schließlich gab es noch jenes Essen, für das man enorme Preise zahlte. Auch hierbei fanden sich wieder verschiedene Spielarten – der offizielle Markt und der Schwarzhandel. Zu diesem Essen hatte man eine schmerzhafte und gehemmte Beziehung. Logisch betrachtet war es natürlich völlig einerlei, ob man für das Essen mit den Marken bezahlte, die sowieso nicht bis zum Monatsende reichen würden, oder ob man Graupen aß, für die man sechshundert Rubel pro Kilo ausgeben mußte. Doch Gefühl und Vorstellungskraft konnten diese sechshundert Rubel nicht ignorieren. Deshalb hatte jemand, der ansonsten seine Zuteilungen und Lebensmittelmarken völlig sorglos verpulverte, schreckliche Angst davor, auch nur einen Bissen mehr als die vorher selbst abgemessene Portion gekaufter Graupen zu verbrauchen.

Auf dem Schwarzmarkt bezahlte man für die Graupen sechs-, ja siebenhundert Rubel, die Kascha in der Kantine kostete fünfzehn Kopeken. Doch das allerseltsamste Gefühl hatte der Mensch dann, wenn er aus dem Geschäft trat und plötzlich begriff, daß er gerade Brot für achthundert Rubel und Butter für tausend nach Hause trug. Daß er bloß auf diese Butter zu verzichten bräuchte, und schon könnten mit einer absurden Problemlosigkeit Dinge in seinen Besitz übergehen, die ansonsten absolut unerreichbar waren.

Der Wert des Geldes war nun variabel geworden – es war kein abstrakter Vorgang wie bei einer Inflation, sondern vielmehr mit Händen zu greifen wie beim Kartenspiel (besonders, wenn man nachts spielt und Jetons verwendet). Solange das Spiel andauert, hat das Geld selbst keine Bedeutung, seinen absoluten Wert gewinnt es erst gegen Morgen auf unangenehme Weise wieder zurück.

Essen auf Marken, Extrazuteilungen, gekauftes Essen – um all das zu koordinieren, mußte man die Arbeit eines Rationalisators leisten. So bestand beispielsweise das Frühstück hauptsächlich aus Brot, weil morgens noch das meiste Brot vorhanden war. An Tagen, an denen man noch ausreichend Marken besaß, konnte man beim Mittagessen auf das Brot verzichten, allerdings mußte man dann in eine zweite Kantine gehen, wo es auf Marken noch zwei Extraportionen Kascha gab. Gingen die Marken zur Neige, war es besser, sein auf das tägliche Minimum reduziertes Mittagessen nach Hause mitzunehmen und dort die Kascha mit Grünzeug zu strecken – es war also erst einmal erforderlich, sich zuvor auf dem Markt mit Kraut einzudecken. Bis zum Abend reichte das Brot nie; aus diesem Grund nahm man für das Abendessen meistens Graupen oder Mehl, das man zuvor einem Spekulanten abgekauft hatte.

Es war schwer, Mißerfolge zu verkraften. Das Essen als ein Kind des Augenblicks anzusehen, ähnlich flüchtig wie der Augenblick selbst, war völlig unmöglich. Der menschliche Organismus, das Leben dieses Organismus lieferte nun das feste Band, das all dies zusammenhielt. Eine verlorene Lebensmittelmarke, eine verpaßte Extrazuteilung – solche Rückschläge ließen sich nicht einfach durch Möglichkeiten, die der neue Tag bot, wettmachen. Sie bedeuteten jetzt einen unersetzlichen Verlust (man hätte das verlorengegangene Teilchen seinem Organismus einverleiben müssen, doch das war nicht gelungen), und man konnte ihn nur aufgrund des menschlichen Leichtsinns vergessen, der jegliche Verluste vergessen macht.

Besonders begeistert beschäftigten sich die Intellektuellen mit der Rationalisierung, da sie dergestalt ein neues Betätigungsfeld für ihren brachliegenden Verstand fanden. T., ein Vollblutwissenschaftler, der früher prinzipiell unfähig gewesen war, sich selbst ein Glas Tee einzugießen, saß nun stundenlang versunken in Berechnungen, wie er am besten seine Marken aufteilen könnte. Er verwandte die ganze Kraft seines logischen Denkens auf dieses Problem. Überhaupt erwies es sich in der Zeit des großen Hungers, daß es keineswegs die Hausfrauen waren, die Ernährungsfragen am besten zu lösen verstanden (die Hauswirtschaft nahmen sie erst im Frühling wieder in ihre Hand), sondern im Gegenteil gerade solche Menschen, die sich zuvor mit der Hauswirtschaft am wenigsten abgegeben hatten, besonders die Männer, die sich von Gewohnheiten, die mit dem Blockadealltag unvereinbar waren, nicht erst befreien mußten. Es waren gerade jene Intelligenzler, die sich ihr Leben lang gescheut hatten, einen Besen oder einen Kochtopf auch nur anzurühren, weil sie fürchteten, so etwas könnte ihren männlichen Qualitäten Abbruch tun. Es stellte sich tatsächlich heraus, daß ein Mann, je männlicher er war, desto natürlicher und unkomplizierter unmännliche Arbeiten verrichten konnte (auch ein Soldat muß sich seine Kascha selbst kochen oder einen Knopf annähen), ohne dabei irgendwelche Komplexe zu bekommen.

Die unterschiedlichsten Menschen wurden von der Blockademanie der Kochkunst beherrscht. Ich hatte einmal die Gelegenheit, zu beobachten, wie ein sechzehnjähriger Junge (in diesem Alter verachtet man den Weiberkram am meisten) mit finsterem Blick und sich auf die Lippen beißend Haferfladen buk. Da drehte sich seine Mutter nach ihm um und meinte vorwurfsvoll: »Laß das doch ... Du kannst das doch gar nicht ...« Er aber stieß sie wortlos und grob von der Wremjanka weg.

Je kärglicher das Material war, desto mehr ähnelte all das einer Manie. All diese manischen Handlungen fanden ihren Ursprung in einer einzigen Prämisse: einfach nur so zu essen – das wäre zu unvermittelt, das hinterließe zu wenig Spuren. Die Blockadekochkunst machte – wie jede Kunst – die Dinge fühlbar. Dafür mußte jegliche Art von Lebensmitteln ihre ursprüngliche Gestalt verlieren. Aus dem Brot machten die Menschen Kascha, und aus Kascha buken sie Brot; aus Grünzeug machten sie Fladen, aus Heringen Frikadellen. Die elementarsten Stoffe verwandelten sich in eine Mahlzeit. Man rechtfertigte seine kulinarischen Mühen mit dem Argument, daß das Essen so besser schmecke oder schneller satt mache. In Wirklichkeit war dabei jedoch etwas anderes viel wichtiger: das Vergnügen nämlich, das diese Handgriffe der Verarbeitung den Menschen bereiteten, und auch die Bereicherung, Verzögerung und Ausdehnung des Geschehens ...

Manchmal wurde Tabak ausgegeben (durch Rauchen ließ sich der Hunger gut betäuben). Alle rauchten ausschließlich Selbstgedrehte. Auch hierbei war exakt das gleiche Prinzip der wohltuend ablenkenden Verzögerung wirksam. Das Verteilen des Tabaks auf dem Papier, das Drehen und Anfeuchten der Zigarette, bevor man sie in die Zigarettenspitze steckte – diese Handgriffe bedeuteten sowohl einen Vorgenuß als auch das fühlbare Erleben eines kostbaren Stoffes. Bekam man ausnahmsweise einmal Papirossy, so war es immer ein wenig enttäuschend und fad, sie zu rauchen – es war zu einfach, ging zu schnell.

Die hungrige Ungeduld, die den Menschen nach Hause trieb, nötigte ihn auch, noch bevor er Mantel und Überschuhe ausgezogen hatte, zum Ofen zu stürzen, um ihn anzuheizen – waren die ersten Handgriffe zur Zubereitung der Nahrung getan, ließ auch die Ungeduld irgendwie nach. In diesen Minuten dachte der Mensch weniger denn je an seinen Hunger; das, was er tat, zog seine ganze Aufmerksamkeit in Bann.

Die Frau von Professor P. sagte schüchtern: »Schau, deine Piroggen fallen ganz auseinander. Wozu machst du überhaupt Piroggen daraus? – damit meinte sie die Hirsekascha – Laß sie uns doch so essen ... Die schmeckt sogar kalt noch gut ...«

Aber er brüllte sie verzweifelt an: »Was verstehst du denn davon? Was verstehst du überhaupt? Auf der Stelle legst du jetzt Holz nach!«

Die Küchenkunst der Literaten und Dozenten ging immer mit einer gewaltigen Unordnung einher, die als Folge ihrer Hast und ihres Dilettantismus entstand. Um ein Holzscheit nachzulegen, beugt sich ein solcher Dilettant über das offene Türchen der Wremjanka und versengt sich dabei das Gesicht. Mit der anderen Hand rührt er zugleich im Topf. Aber den Topf müßte man schon längst wegrücken und den Teekessel an seinen Platz stellen, weil nur das richtig heiß wird, was genau in der Mitte steht, vor allem auf dem Fleck, an dem der Ofen schon ein Brandloch hat. Dabei darf man auch das zum Trocknen ausgebreitete Brot nicht aus den Augen lassen, sonst bekommt es statt einer goldbraunen Kruste schwarze Brandstellen. Die Hände sind rußig und fettbeschmiert – aber das gefällt dem Dilettanten sogar.

Das Chaos ringsum wächst. Aus irgendeinem Grund benutzt er gleichzeitig drei Löffel, wie von selbst nimmt seine Hand mal den einen, mal den anderen. Der Topfdeckel ist irgendwie in eine leere Pfanne geraten, die auf dem Boden steht. Formlose Lumpen hängen zum Trocknen über dem Rohr der Wremjanka, über der Stuhllehne und dem Korb mit Holzspänen. Der Mensch glaubt, daß er immer gerade das richtige Ding in die Hand nimmt und auch sinnvoll damit umgeht. Doch die Dinge versinken im Chaos. Allerdings ist das kein feindliches Chaos, denn es riecht nach Wärme und Essen.

Die intellektuellen Kochkünstler verdarben bei allem Erfindungsreichtum ihre Sache gerade dadurch, daß sie das Essen während der Zubereitung keinen Augenblick in Ruhe lassen konnten. Es verging keine Minute, in der sie nicht den Deckel vom Topf genommen, irgend etwas dazugemischt und umgerührt hätten. So betrachtet gab es sowohl langweilige als auch interessante Gerichte. Suppe war zum Beispiel etwas furchtbar Langweiliges. Sie kochte lange und träge vor sich hin, weiter passierte eigentlich nichts mehr mit ihr. Spannend war es dagegen, wenn sich augenscheinlich etwas verwandelte. Kascha quoll auf, sie wuchs (es war zauberhaft zu beobachten, wie sie immer mehr wurde), bis sie unter dem über ihr wirbelnden Dampf leise zu schnarchen und zu atmen begann. Klößchen, die vom Löffel ins kochende Wasser fielen, wurden darin lebendig, vollführten Pirouetten – sie sahen fast wie Zirkuskünstler aus. Die Fladen konnten in unförmige Stücke zerfallen, aber sie konnten auch sofort eine glatte, gleichmäßige Form annehmen.

Es war eine wahre Wonne, den bronzefarbenen dünnen Roggenmehlteig, den man für Klößchen oder Pfannkuchen angerührt hatte, mit dem Löffel zu verstreichen, und man bekam Lust, ihn zu vernaschen wie Schokoladencreme.

Plötzlich erstarrt der intellektuelle Kochkünstler inmitten all seiner Geschäftigkeit. Ein Gedanke war in ihm aufgeblitzt und wieder im Chaos versunken. Der Gedanke, das alles habe eine widerwärtige Ähnlichkeit mit einer ganz bestimmten Sache. Ja, es scheint, mit der Liebe ... Bereits François La Rochefoucauld hat behauptet, daß Liebe das Bedürfnis sei, sein Ziel auf Umwegen zu erreichen.

N. – er ist einer dieser intellektuellen Blockadekochkünstler – hat schließlich mit seinem Frühstück begonnen. Auf dem Tisch, den er in die Nähe der Wremjanka gerückt hat, schneidet er mit konzentriertem Blick eine Scheibe Brot in kleine Quadrate. Gleich wird er sie in kochendes Wasser legen und mit dem Löffel zerdrücken. Als kleiner Junge hatte er einmal, als sie auf der Datscha waren, den Mädchen beim Spielen zugeschaut. Sie spielten »Mittagessen kochen«, machten aus Grashalmen Fladen und buken Sandkuchen. Er sah diesem Weiberspiel verächtlich zu, doch weil er sich langweilte, rückte er allmählich immer näher und spielte schließlich mit gleichgültiger Miene mit. Als Mann trug man ihm die schweren Arbeiten auf – mit dem Federmesser aus Zweigen Brennholz machen oder Wasser in einem Eimerchen aus dem Bach holen. Das Spiel dauerte lange, und schließlich war er ebenso vertieft dabei wie die Mädchen, Sand in Teig und Grashalme in Kuchenfüllung zu verwandeln. Es war fast das gleiche, womit er sich auch jetzt beschäftigte.

Der Tag gruppierte sich nun rings um die drei Brennpunkte: Frühstück, Mittagessen, Abendessen. Alles, was seit fünf, sechs Uhr morgens zu Hause und im Geschäft geschehen war, strebte ausschließlich dem ersten dieser Brennpunkte zu. Und wenn der Höhepunkt dann erreicht war, ging es doch jedes Mal wieder schief. Nach alledem, was N. seit dem Moment des Erwachens für dieses Frühstück getan hatte, nachdem er sich mit einer gewissen Feierlichkeit an den Tisch gesetzt hatte (zuvor hatte er ihn mit einem Lappen saubergewischt), aß er nun zerstreut und hastig alles auf, obwohl er doch genau wußte, daß das Essen nun etwas ganz Bewußtes und Wahrnehmbares sein müßte. Er wollte diesem Augenblick sagen: »*Verweile doch! Du bist so schön!*«\*, doch er brachte es nicht über die Lippen.

Es war genau wie im früheren Leben, wenn die Augenblicke ohne Unterlaß alles, was zum Bereich der emotionalen und rationalen Erfahrungen gehörte, mit sich forttrugen: Glück und Leid, Mühen und Opfer. Beim Frühstück besann sich N. plötzlich auf die Blockadetheorie über genußvolles Essen. Nein, heute lohnt es nicht mehr, weil er schon fast alles aufgegessen hat ... Beim nächsten Mal versuch' ich es aber ...

Doch auch beim nächsten Mal gelang es nicht, den Augenblick festzuhalten.

Im Winter war das Verlangen nach Essen wie eine Krankheit gewesen; Sättigung dagegen bedeutete, diese Krankheit zu heilen. Wenn sich dann – einige Stunden später oder nach dem Erwachen am nächsten Morgen – dieses Verlangen nach Essen aufs neue einstellte, dann setzte das den Menschen gewissermaßen in Erstaunen und bereitete Verdruß. Es war wie ein wiederkehrendes Fieber oder eine Rückkehr der Schluckbeschwerden, wenn man bereits gehofft hatte, die Angina überstanden zu haben.

Hunger verspürten die Menschen nun seltener, doch waren sie ständig bemüht, ihm vorzubeugen. Ebendeshalb, weil sie ihn nun seltener verspürten. Er war sogar seltener geworden als in der Zeit vor der Blockade, als er noch etwas ganz Natürliches, ja sogar Angenehmes gewesen war – weil man sich auf das Mittagessen freuen konnte.

\* Im Original deutsch. (Anm. d. Übers.)

Übrigens kam es jetzt sogar manchmal wieder vor, daß die Blockademenschen (besonders vor den Mahlzeiten) sagten: »Ich bin hungrig wie ein Wolf, einen Mordshunger hab' ich«. Das sind Sätze aus der Friedenszeit. Im Winter hatte man so etwas nicht gesagt. Es hätte eine inakzeptable, eine unverschämt offene Begierde signalisiert. Die Rückkehr jener Sätze war ein Zeichen der Genesung. Aber man hatte sich noch nicht wieder an sie gewöhnt. Immer noch setzten sie sowohl den Sprechenden als auch seine Zuhörer jedes Mal aufs neue in Erstaunen. Wie kann man nur – einfach so wie früher – diese furchtbaren Worte in den Mund nehmen. Diese Worte, die für Leid und Verzweiflung standen und keinesfalls für den Appetit vor einem Mittagessen.

Ein satter Mensch kann einen Hungernden nicht verstehen, sich selbst dabei nicht ausgenommen. Wenn er wieder zu Kräften kommt, verliert der Mensch nach und nach das Verständnis für sich selbst – dafür, wie er sich selbst in den Monaten des großen Hungers gefühlt hatte. Die Blockademenschen vergaßen ihre Empfindungen immer mehr, nur an die Fakten konnten sie sich weiterhin erinnern. Im Licht von Verhaltensregeln, die schon zur Norm tendierten, traten diese Fakten nur zögernd aus dem sich trübenden Gedächtnis hervor.

... Sie hatte solch eine Lust auf Bonbons. Warum hab' ich bloß dieses Bonbon aufgegessen? Ich hätte es doch wirklich nicht essen müssen. Und alles wäre ein wenig leichter gewesen ...

Dies denkt der Blockademensch, wenn er sich an seine Frau oder Mutter erinnert, durch deren Tod das aufgegessene Bonbon zu etwas Unumkehrbaren geworden ist. Der Nebelschleier der Dystrophie zerreißt, und der sich selbst entfremdete Mensch sieht sich von Angesicht zu Angesicht den Objekten seiner Scham und Reue gegenüber. Für die Überlebenden der Blockade war die Reue ebenso unausweichlich wie die durch die Dystrophie hervorgerufenen Veränderungen ihres Organismus. Zudem war es diese niederdrückende Spielart der Reue – eine Reue, ohne zu begreifen. Der Mensch erinnert sich an ein Faktum, doch er vermag nicht mehr, sich an das dazugehörige Erleben zu erinnern; an das Erleben eines Stücks Brot, eines Bonbons, das ihn dazu gebracht hatte, grausam, ehrlos, erniedrigend zu handeln.

... Und dieser Aufschrei wegen jener Hirsefrikadellen ... als sie verbrannt waren ... Dieser verzweifelte Aufschrei, und die Tränen kamen ...

Und vielleicht wird er irgendwann einmal im Restaurant sitzen und nach einem allzu reichlichen Mittagessen, das ihn schwermütig gemacht und seine Lust zu arbeiten vertrieben hat, düster vor sich hinstarren. Vielleicht wird er, während er auf den Kellner mit der Rechnung wartet, den Brotkorb und die darin liegenden dunklen und hellen Scheiben anstarren. Und plötzlich wird dieses fast unberührte Brot in sein dahindämmerndes Bewußtsein ein Schlaglicht der Erinnerung werfen.

Mitleid ist die zerstörerischste aller Leidenschaften, und im Unterschied zu Liebe oder Haß kennt sie kein Ende.

Tolstoj hat (in den »Kindheitserinnerungen«) über seine Tante Jergolskaja geschrieben; er beschrieb, wie gut sie gewesen war, und daß er sich nicht ohne schlimme Gewissensbisse daran erinnern konnte, wie er ihr manchmal (wenn er in großer Geldverlegenheit war) das Geld für die Süßigkeiten verweigert hatte, die sie gern in ihrem Zimmer verwahrte, allein um sie ihm dann wieder anbieten zu können. Sie hatte dann nur traurig geseufzt. »Und ihr, ausgerechnet ihr habe ich diese kleine Freude versagt ...«

Wer die Dystrophie überlebt hat, würde viel für diese Gewissensbisse eines Gutsbesitzers geben.

Der Kreis – das Blockadesymbol des in sich selbst verschlossenen Bewußtseins. Wie läßt er sich durchbrechen? Die Menschen laufen im Kreis, doch es gelingt ihnen nicht, die Realität zu erreichen. Ihnen scheint es, daß sie kämpfen, doch das ist nicht wahr – es kämpfen jene dort, an der Front. Ihnen scheint es, daß sie nicht kämpfen, sondern sich nur um ihre Nahrung sorgen, doch auch das ist nicht wahr, denn sie tun genau das, was getan werden muß in dieser kämpfenden Stadt, um die Stadt am Leben zu erhalten.

So geht es Menschen, deren Handeln nicht mehr Aktion, sondern nur noch Reaktion ist. Wie läßt sich der Kreis durch eine Aktion aufbrechen? Eine Aktion bedeutet immer, die allgemeinen Zusammenhänge (ohne die man nur noch unartikuliert stammeln könnte) zu akzeptieren, an die der Mensch sogar dann noch gebunden bleibt, wenn sie sich gegen ihn selbst richten; da mögen nun die Egozentriker (weltweit) jetzt und in Zukunft ihre Thesen über Selbstbetrug, Kontaktunfähigkeit und über das Absurde aufstellen, solange sie wollen.

Wer schreibt, beginnt, ob er will oder nicht, ein Gespräch mit dem Außerpersönlichen. Denn die Schreibenden mögen sterben, das Geschriebene aber überdauert, ohne sie zu fragen. Möglicherweise wäre es für das in sich selbst verschlossene Bewußtsein einfacher, ohne seine postume soziale Existenz fertig zu werden, aus der zwangsläufig seine Nutzbarmachung resultiert. Möglicherweise würde es das Bewußtsein insgeheim vorziehen, wenn es gleichfalls völlig zerstört würde, und damit auch alles, was es enthielt. Doch die Schreibenden sterben, das Geschriebene aber überdauert.

Über den Kreis zu schreiben bedeutet, den Kreis zu durchbrechen. Es ist, wie dem auch sei, eine Aktion. Es ist wiedergefundene Zeit in einem Meer der verlorenen Zeit.

*1942 – 1962 – 1983*

# Das Umfeld der »Aufzeichnungen eines Blockademenschen«

*Notizen aus Blockadetagen*

Man braucht nicht zu meinen, alles habe sich von Grund auf verändert. Verändert hatte sich in der Tat das Material, doch unberührt davon blieben viele Mechanismen weiterhin intakt. Indessen wünschten sich alle solche Veränderungen, alle warteten auf psychologische Veränderungen.

Während wir darüber nachdachten, »was da noch kommen würde« (und alle dachten darüber nach …), unterlagen wir fortwährend einer Fehlkalkulation, weil wir dem Faktor der Todesgefahr allzu große Bedeutung zumaßen. Es zeigte sich, daß es einfacher war, an die Front zu gehen, als die gewohnten Mechanismen anzuhalten. Es ist eine ungleiche Wahl zwischen einer naheliegenden, einer offensichtlichen oder bekannten Gefahr (etwa der Unzufriedenheit eines Vorgesetzten) und jener anderen, deren Folgen noch weit entfernt liegen, noch nicht feststehen und vor allem nicht zu begreifen sind.

So verwischte sich die Grenze zwischen Lüge und Wahrheit, der Wahrheit jener, die vielleicht gar nichts dagegen gehabt hätten, sich zu drücken, und die sich nun, da sie in die Situation eines Krieges hineingeraten waren, dennoch an seine Regeln hielten; jene Jungen, die einfach glaubten, sie müßten so schnell wie möglich an die Front, sie waren nicht zu zählen. Hier ist ein Brief (vom Juni 1941) eines solchen Achtzehnjährigen, den die Frau, an die er gerichtet ist, aufbewahrt hat:

Grüß Dich, Irina!
Ich werde zum Augenzeugen eines ungewöhnlichen und sehr bedeutsamen Geschehens – ich fahre an die Front! Du weißt, was das bedeutet? O nein, Du weißt es nicht.

Es ist die Prüfung meiner selbst, meiner Ansichten, Neigungen und Eigenschaften. Und vielleicht werde ich – so paradox es klingt – die Musik Beethovens, das Genie Lermontows und Puschkins besser begreifen, wenn ich im Krieg war.

Na, zum Schreiben fehlt mir die Zeit. Aber jetzt fühle ich mich Dir überlegen. Ich bekomme die Möglichkeit, in den Strudel des Lebens einzutauchen, Du aber, Bedauernswerte, Du bist dazu verdonnert, Scholastik zu pauken.

Mit der ›Scholastik‹ hab' ich mich doch nicht im Ton vergriffen? Na, schadet nichts. Vielleicht treffen wir uns ja mal, oder?

Ich drücke Dir fest, ganz fest die Hände.

Oleg

Sie trafen sich nicht mehr. Oleg fiel sehr bald.

Über die Erzählung »Mach's gut, Schuljunge« von Bulat Okudschawa wurde gesagt, er habe hier einen Feigling, einen charakterlosen Speichellecker, einen psychologischen Deserteur dargestellt, doch eine interessante Einzelheit ist keinem aufgefallen: dieser Junge, der unglücklich ist, der sich fürchtet, der sich selbst leid tut und sich wünscht, daß auch seine Mutter ihn bedauert, dieser Junge zweifelt kein einziges Mal, keinen Augenblick daran, daß es notwendig ist, hinzugehen und dieses schreckliche Werk auszuführen.

Die gewohnte und begreifliche Angst (zum Beispiel die Scheu, geltende Verhaltensnormen zu verletzen) ist entweder stärker als die Angst vor dem Unbegreiflichen oder aber schneller: diesem Reflex gelingt es, früher anzusprechen. Gerade darin besteht die Voraussetzung für die Aufrechterhaltung der psychischen Norm – bis hin zu jener Minute, in der die Todesgefahr von den Emotionen Besitz ergreift und zu einer alles überwältigenden Empfindung des Entsetzens oder der Begeisterung wird.

Wie fern stehen diese Gemütszustände einem normalen Menschen? Auf welcher Ebene des Seelenlebens haben sie ihren Platz? Tolstoj meint – auf einer weit entfernten; davon ging er aus, als er seine Psychologie des Krieges konstruierte.

Dem menschlichen Bewußtsein widerstrebt der Gedanke an den Schwund des Bewußtseins, und so erzeugt es bekanntlich die kompliziertesten Mechanismen, um diesen Gedanken zu unterdrücken, zu verdrängen und unschädlich zu machen. Die Terminologie hat sich verändert, doch die Enthüllung dieses Systems der Verdrängung geht durch die Jahrhunderte; Denker von La Rochefoucauld bis hin zu Freud und den Existentialisten bezeugen es. Der Krieg hat dieses System zum Teil lahmgelegt, zum Teil schuf er aber gerade die Voraussetzungen dafür: soziale Unterdrückung persönlicher Wünsche und Ziele, mächtige ideologische und emotionale Reizmittel, Gewohnheit, dystrophiebedingte Teilnahmslosigkeit oder nervösen Enthusiasmus.

In Leningrad legten die Menschen insgesamt so wenig Feigheit an den Tag, daß der Krieg noch nicht einmal ihre sonstigen Schwächen und Untugenden lahmzulegen vermochte. Da findet zum Beispiel die klassische intrigante Personalversammlung statt – mitten im Artilleriebeschuß (dieses Gebäude war auch schon einmal getroffen worden). Ein Abteilungsleiter der Redaktion ist abgesetzt und zu einer Frontzeitung versetzt worden. Sein Nachfolger – ein lieber Mensch – vollzieht das gesamte übliche Ritual: Verurteilung der früheren Leitung (an der Wandzeitung hängt auch ein entsprechender Artikel mit der Unterschrift: Pegasus), Selbstverteidigung in Form von Selbstkritik, ein Kopfnicken in Richtung der Kollegen, die sein Vorgänger noch befördert hatte. Und pünktlich übernimmt auch der persönlich angegriffene Schriftsteller (schon in Armeeuniform) seinen Part mit dem Stichwort »Ich kann nicht dazu schweigen ...« – im vorliegenden Fall hinsichtlich jener schlecht qualifizierten Redakteure, die »noch immer nicht gelernt haben ...«. Gibt es denn hier überhaupt etwas, das mit dem Pfeifen der Granaten und den gleichförmigen Detonationen in Beziehung steht? Ja – die ergänzende Phrase: »Heute mehr denn je ...«

Das reibungslose Funktionieren der Mechanismen verblüffte besonders in den Behörden, wo verlorengegangene Lebensmittelkarten ersetzt oder vielmehr nicht ersetzt wurden. Der Verlust der Karten war ein massenhaft auftretendes Phänomen – offensichtlich eine Folge von Unterernährung und Überanstrengung der Nerven. In diesen Behörden kam es zu einer unheimlichen Verbindung der alten (amtsüblichen) Form mit einem neuen Inhalt (dem Hungertod eines Menschen). Aber es gab noch immer die gleichen, traditionellen Typen von Sekretärinnen.

Zum Beispiel den unter Verwaltungsangestellten ziemlich verbreiteten sadistischen Typ. Das ist die boshafte Sekretärin. Würde man die jetzt in eine Kantine setzen, um dort die Marken abzuschneiden, würde sie Ihnen voller Genugtuung mitteilen, daß es untersagt ist, sich eine zweite Kascha zu holen, oder daß Ihre Karte für die kommenden fünf Tage – merkwürdig, daß Sie das nicht wissen – keine einzige Graupenmarke mehr enthält. Setzt man sie hingegen auf eine Stelle, wohin die Menschen kommen, wenn sie ihre Karte verloren haben, so spricht sie laut und in einem ausgemacht abweisenden Tonfall mit ihnen, wobei sie den Triumph der Verwaltung kaum unterdrückt.

Daneben gibt es auch die verträumte Sekretärin – man sieht ihrer Kleidung die Blockade noch nicht an – mit ihren schönen, noch immer mit Lidschatten geschminkten Augen. Sie hängt ihren eigenen Gedanken nach. Sie schaut den Menschen gutmütig an, dabei ist es ihr einziger Wunsch, sich den Störenfried schleunigst vom Hals zu schaffen, und ihre Ablehnung kommt träge und sogar ein wenig klagend (sie beklagt sich über die Störung). Schließlich gibt es noch den Typ der sachlich-nüchternen Frau. Für manche Frauen ist der eigentliche Umstand, daß sie eine gesellschaftlich wichtige Tätigkeit ausüben, noch keine Selbstverständlichkeit (ein interessanter Atavismus). Sie gehen völlig in ihrer Sachlichkeit auf und bringen damit ihre ganze Umgebung zur Weißglut. Ärztinnen dieser Kategorie erläutern im Gespräch mit gebildeten Patienten gern ihre Anweisungen, wobei sie die Terminologie vom Lateinischen gleich ins Russische übersetzen und hinzufügen: »Bei uns heißt das ...«

Wenn die boshafte Sekretärin im Dienst eine Quelle zur Befriedigung ihrer Machtgelüste findet, wenn für die verträumte Sekretärin der Dienst ein unvermeidliches Zugeständnis an die Wirklichkeit darstellt, so weiß die sachlich-nüchterne Frau den eigentlichen Vorgang ihrer Amtshandlungen zu schätzen. Ihre Ablehnung ist majestätisch, aber ausführlich, gespickt mit Belehrungen und Begründungen. Und obwohl ihr einziges Interesse dem gilt, was sie selbst sagt, wird es dem Menschen, der ohne seine Lebensmittelkarten höchstwahrscheinlich nur noch ein paar Tage zu leben hat, einen Augenblick lang leichter ums Herz. Die Intriganten und Sekretärinnen, die wütenden Bürokraten und beleidigten Schriftsteller – all das hatte auf seltsame Weise seine frühere Form und Funktion bewahrt. Nach Tolstojs Auffassung war diese Stabilität egoistischer Interessen und tief verwurzelter Gewohnheiten objektiv notwendig. Sie zeigte, daß eine Gesamtheit existierte, daß all die zahllosen Absichten nach wie vor in einem Knoten gebündelt waren. Wäre denn ohne Intriganten und Bürokraten die Sache des Landes, die Sache des Krieges nicht anders und besser vorangekommen? Selbstverständlich. Doch die Gesamtheit konnte sie doch nicht einfach ausstoßen, während der Krieg in vollem Gange war. Die Gesamtheit hatte andere Sorgen.

Mitten im Artilleriebeschuß blieben die Mechanismen des gesellschaftlichen Übels ebenso intakt wie die Tapferkeit, wie auch die Geduld. Das gequälte Land siegte. Und dasselbe Land bereitete sich schon wieder – ohne es zu wissen – darauf vor, eine neue Entfesselung des sozialen Übels zu erleben.

Das utopische Denken wollte nicht begreifen, daß das soziale Übel nicht auszurotten (wenn auch ersetzbar) ist, daß die Menschheit stellvertretende Übel erzeugt. Manchmal waren das höchst geeignete, gewissermaßen progressive Stellvertreter. Und dennoch ... bevor man über ein soziales Übel murrt, sollte man darauf achten, ob es nicht den Platz eines noch tödlicheren Übels besetzt hält. Anders als der soziale Hedonismus beschwört die Religion das Übel nicht, noch verspricht sie, es zu beseitigen (es sei denn im Himmelreich); sie bezieht es vielmehr in ihr System der zwei Welten – des Diesseits und des Jenseits – ein. Was das Jenseits betrifft ... – dieser Glaube ist nicht jedem gegeben. Für jemanden, dem er versagt bleibt, liegt die vordringlichste Aufgabe in der Frage, wie er ohne Religion dem Egoismus entgehen kann. Welcher Natur sind dieses Staatsbewußtsein, diese Liebe und dieses hohe Streben – mit deren Hilfe er den Höllenqualen des Egoismus entgehen soll?

Ein egoistischer Mensch hat Ähnlichkeit mit einem Wilden. In seinem Urzustand ist das Bewußtsein erfüllt vom Grauen vor der Feindseligkeit der Welt. Es wird überwunden durch die Kultur – die hierarchische Struktur von Werten –, durch die Kunst, die das Eigene zum Fremden, durch die Liebe, die das Fremde zum Eigenen macht.

Beim Zerfall des Wertesystems ist der Kulturmensch abermals einer Verwilderung unterworfen. Beim Zusammenbruch der gewohnten Lebensformen kommen an ihm wieder Verhaltensmuster des Höhlenmenschen zum Vorschein, zeigt er die Einstellung eines Höhlenmenschen zu Feuer, Nahrung und Kleidung. Der egoistische Mensch treibt blindlings von einem mal aggressiv-, mal teilnahmslos-feindseligen Phänomen zum nächsten, wobei er versucht, Schlupflöcher des kleinstmöglichen Übels für sich ausfindig zu machen. Die konkreten Repräsentanten des größtmöglichen Übels, die auch dessen theoretische Motivierung übernommen haben – sie stehen vor den Toren der Stadt. Wir alle wollen sie töten; wir wollen so viele wie nur möglich töten, ohne uns auch nur im geringsten auf Einzelheiten ihrer menschlichen Existenz einzulassen. Während er in der Zeitung liest, wie abgerissene Arme und Beine der Faschisten durch die Luft geschleudert werden, empfindet der Intellektuelle Genugtuung.

Die verschiedenen Spielarten des Übels kreuzen sich auf merkwürdige Weise, sie schließen sich gegenseitig aus und ziehen gleichzeitig am selben Strang. Wenn die Menschen mit ihren Koteimern oder mit den anderen leeren Eimern, in denen sie das Wasser aus der spiegelglatten Waschküche holten, über den Hof gingen, betrachteten sie das große Schloß an der Tür der Hausverwaltung. Es sah beruhigend aus. Die Generation der sechziger Jahre wird das schon nicht mehr verstehen können. Heute sind die Hausverwaltungen dazu da, ihre Häuser und die darin wohnenden Menschen mehr oder minder erfolgreich zu betreuen. In den dreißiger Jahren existierten sie zu einem völlig anderen Zweck – vielleicht war er ihnen selbst nicht einmal bewußt. Nicht bloß, um die Hausbewohner zu bespitzeln, sondern mehr noch, um die Bewohner stündlich daran zu erinnern, daß sogar in ihrer Privatsphäre alles, worüber sie verfügten, beendet, weggenommen oder verboten werden konnte. Sie waren die Vorposten Stalins ... Und nun war dieses Übel eingesperrt, hinter Schloß und Riegel; der dystrophiekranke Hausverwalter schaffte es jetzt nicht mehr bis zu seinem Büro. Das ist die Dialektik einzelner Spielarten des Übels.

Die Leiden und der Tod von unzähligen Menschen waren zu keiner Zeit ausschließlich Kennzeichen des Krieges; auch Epidemien und Naturkatastrophen raffen ganze Städte dahin. Die Besonderheit des Krieges besteht jedoch in der Verbindung dieser Möglichkeiten mit einer extremen, unverhohlenen, laut erklärten Unfreiheit, die nicht mehr um Tarnung bemüht ist.
In den bürgerlichen Demokratien zweifelt man noch immer an der Rechtmäßigkeit eines staatlichen Gesetzes, das von einem freien Menschen verlangt, sich nicht in angetrunkenem Zustand ans Steuer eines Autos zu setzen, und dennoch läßt man hier keinen Zweifel darüber aufkommen, daß der Staat unter bestimmten Umständen das Recht besitzt, vom Menschen sein Leben zu verlangen und ihn, falls er sich dieser Forderung zu entziehen versucht, als Verräter abzuurteilen. Die Welt entsetzte sich über Maos Vorschlag, die Hälfte der Menschheit zu vernichten, damit die andere Hälfte auf den Ruinen des Kapitalismus die Gesellschaft der Seligen begründen könne. Das eigentliche Neue und Abschreckende an diesem Projekt ist jedoch nur seine quantitative Dimension. Vor kurzem erst hat Präsident Johnson in einer Fernsehansprache gesagt: »Wir trauern um die Gefallenen (in Vietnam) auf unserer wie auch auf der anderen Seite (hätte man doch wenigstens diese andere Seite in Ruhe gelassen), aber es gibt keine Macht, die die USA zwingen könnte, der Sache der Freiheit und Gerechtigkeit untreu zu werden.« Diese Logik unterscheidet sich in nichts von der-

jenigen Maos, es sei denn darin, daß im ersten Fall von der Hälfte des Menschengeschlechts, im zweiten dagegen vom Leben einer unbestimmten Anzahl amerikanischer Bürger die Rede ist. Aus der Perspektive eines Individualisten liegt der Kern der Sache keineswegs darin, daß eine Million Menschen umkommen, sondern vielmehr darin, daß millionenfach ein Mensch zugrunde geht. Die Logik Maos ist die unausweichliche Logik des Staates (auch die der kapitalistischen, bürgerlich-demokratischen und anderen Staaten), lediglich in einer bezeichnenden asiatischen Nacktheit und Größenordnung.

Die absolute Unfreiheit kann sich in der Psyche des Menschen als eine ihm neue Qualität des gesellschaftlichen Seins manifestieren, oder im Gegenteil als eine bloße Weiterentwicklung altgewohnter Belastungen und Nöte. In der Erkennbarkeit dieser Nöte liegt die Stärke und zugleich auch die Schwäche anti-individualistischer Strukturen.

Da gibt es den Menschen, der inmitten hedonistischer Illusionen und getarnter Formen von Zwang aufgewachsen ist. Die Tatsache, daß man ihm nun Befehle erteilt, Verbote auferlegt, daß man ihm die lebensnotwendigen Güter kürzt und rationiert – für ihn hat all das etwas Exotisches, es ist eine neue Qualität, erzeugt von der erschütternden Situation, die eine Anstrengung aller geistigen und körperlichen Kräfte erfordert. Es scheint ihm sogar noch, als habe man ihn um sein Einverständnis gebeten, und deshalb versteht er sein Handeln als *Aktion*. Doch gehören Aktionen in ein bestimmtes psychologisches Klima – bestimmt von Stolz und Ruhmsucht, von Selbstverleugnung und Leidenschaft.

Und dann gibt es Menschen, für die das alles nichts grundlegend Neues ist. Die einen reagieren mit Fluchtversuchen. Die anderen mit großer Standhaftigkeit. Manchmal auch zunächst mit Fluchtversuchen und dann mit Standhaftigkeit. Doch wie auch immer – für sie ist es das aktuelle Stadium der uralten Beziehungen zu Leviathan. So hatte Hobbes – nach dem im Buche Hiob besungenen Ungeheuer – den allgewaltigen Staat genannt. Leviathan besitzt verschiedene Mündel: Gleichgesinnte, Andersdenkende und solche, die überhaupt nicht denken. Es bilden sich verschiedene Wechselbeziehungen heraus, in verschiedenen sozialen und psychologischen Formen. Möglich ist die bewußte und spontane Übereinstimmung der Absichten; möglich ist Widerstand – gleichfalls bewußt oder spontan. Eine besondere, theoretisch bedeutende Spielart der gesellschaftlichen Psyche entsteht durch die Kombination von absoluter Macht und dem absoluten Egoismus des Menschen, der ihr untertan ist. Beide sind aufeinander eingespielt und zugleich füreinander undurchdringlich.

Auch hier gibt es viele Abstufungen – von der Position eines Snobs mit seinen Illusionen von innerer Unabhängigkeit bis hinunter zur Stufe des Sklaven – der egoistischsten aller Befindlichkeiten. Wer ist egoistischer als der ewige Ruderer, festgeschmiedet an seine Galeerenbank? Jeglicher objektive Lebensinhalt ist ihm genommen, nur seinen leidenden Körper hat man ihm noch gelassen. Der Egoismus der Sklaven verbirgt sich hinter der Macht ihrer Leiden und der Geringfügigkeit ihrer Ziele und Wünsche, doch genaugenommen ist er grenzenlos.

Der immanente, allen absoluten und allgemeingültigen Werten entfremdete Mensch existierte als Teil der Masse, als sozialer Typus auf unterschiedlichen Entwicklungsstufen der Gesellschaft und besaß dementsprechend unterschiedliche Ausprägungen. Ich werde jetzt nur vom Typus des Intellektuellen sprechen. Ich habe dabei jenes Bewußtsein im Auge, das in den Jahren nach 1880 begann, in Rußland Früchte zu tragen, und damit die Tradition der Volkstümler ablöste. Daraus resultierten nicht nur die eingeschworenen Positivisten, sondern auch die Vertreter der Dekadenz (das

Experiment einer reinen Kultur des Egoismus), letzten Endes auch die Symbolisten mit ihrem romantischen Versuch, das Objektive mit Hilfe des Subjektiven zu fassen, und noch vieles, was hierauf folgte, teils mit, teils ohne den Versuch einer Korrektur des objektiven Verstandes.

Schon Alexander Blok hat mit viel Scharfsinn und Sachkenntnis eine Annäherung zwischen scheinbar so verschiedenen Dingen wie Positivismus und Dekadenz versucht. Er hatte begriffen, daß beide durch Subjektivität und Agnostizismus miteinander verkettet sind. Das Bewußtsein erschien als Paradoxon: in seiner intellektuellen Qualität war es prädestiniert, Werte und Ideale zu produzieren, in seiner positivistischen und subjektiven Qualität verschloß es sich hingegen jene Quellen, aus denen man Werte und Ideale schöpft.

Nach dem Ersten Weltkrieg wurden die westlichen Intellektuellen von einer Ästhetik des Zerfalls, der Negierung des Lebens und ähnlichem beherrscht (die verlorene Generation). Bei uns wurden viele Angehörige dieser Schicht zunächst zu sogenannten »Mitläufern«, um sich so die Möglichkeit offenzuhalten, am allgemeinen Leben teilzunehmen, aber auch infolge des (von Herzen bis Blok) althergebrachten Hasses der russischen Intelligenz gegen die alte Welt. Naiv und hochmütig sagten diese Mitläufer: »Also dieses ist gut bei euch, aber jenes ist schlecht; davon distanzieren wir uns, und bis jetzt …« – also behandelte man sie mit Vorsicht. In der Folgezeit brüllten die ehemaligen Mitläufer: »Genial!« – sie krochen auf Knien, und doch wurden sie systematisch vernichtet.

Mit dem Jahre 1914 begann das Zeitalter der großen Experimente und Prüfungen. Die vitalen Positionen des immanenten Bewußtseins erforderten wenigstens ein Minimum an materiellen Gütern. Allein unter dieser Voraussetzung war eine Philosophie möglich, die mit dem Satz begann: Hat das Leben einen Sinn? Für einen notleidenden

Egoisten findet sich sogleich – wenn nicht der Sinn des Lebens, so doch das Interesse, das Ziel, die Aufgabe, am Leben zu bleiben. Aber dann bröckelt seine Fassade, und er steht splitternackt da.

Mitten im Krieg (der extremen Unfreiheit) stieß der egoistische Mensch auf eine seltsame, verschwommene Freiheit – sie lag in der Grauzone zwischen offenen und versteckten Formen des Zwanges. War es denn nicht ganz gleichgültig, wenn jemand ihm zustehende Rechte und Güter nicht mehr in Anspruch nahm, da das Ergebnis doch das gleiche blieb? War doch das Ergebnis um so schlimmer, je mehr Rechte und Güter einer hatte. Wer war denn hier Glückspilz und wer Pechvogel? Wo waren denn die Karrieristen und die Institutionen, in denen sie Karriere machten? Da stehen ihre leergeplünderten Wohnungen, während ihre Eigentümer dorthin stürmen, wohin der Krieg sie treibt. Wo ist der Unterschied zwischen gedruckten und ungedruckten Büchern, wenn es keine Autoren und keine Leser mehr gibt? Und was haben wir von der katastrophalen Auflösung des jahrhundertealten Dramas des Individualismus, wenn niemand mehr Lust und Zeit hat, darüber nachzudenken? Wir haben andere Sorgen.

Während die erste Prüfung eines Weltkriegs bei den westeuropäischen und amerikanischen Intellektuellen eine extrem individualistische Reaktion hervorrief, so konnte die zweite nur die Haltlosigkeit dieser Reaktion unter Beweis stellen. (Wehe euch Egoisten und Hedonisten! Es gibt auf der Welt nichts, das zerbrechlicher und hilfloser wäre.) Die zum zweiten und dritten Male durch den Fleischwolf gedrehte Generation begriff die Unausrottbarkeit des sozialen Übels und das Illusorische des einzelnen Bewußtseins. So zerfielen gleichzeitig zwei große Irrtümer, die – einander nur scheinbar entgegengesetzt – ihre gemeinsame Wurzel im Humanismus des 19. Jahrhunderts hatten.

Ein von Katastrophen bedrohter und auf die Probe gestellter Mensch ist nicht imstande, an die Schönheit und den absoluten Wert der einzelnen Seele zu glauben. Es ist für ihn bei weitem natürlicher, wenn ihn diese nackte Seele anwidert, wenn er ein bitteres und vergebliches Verlangen nach Läuterung im Allgemeinen empfindet – in irgendeinem unbekannten Komplex von Zusammenhängen – in der Religion vielleicht? Oder in einer existentiellen Selbstprojizierung? Oder in einem neuen Staatsbewußtsein?

Das Erleben der Gemeinschaft kann bewußt oder unbewußt, stark oder schwach sein, es kann zum religiösen Dogma erhoben werden oder angesichts der eigenen Inkonsequenz verzagen. Diese Primäreigenschaft seiner sozialen Struktur erhält der Mensch zugleich mit all jenen Zeichensystemen, die sein kulturelles Bewußtsein ausmachen, zugleich mit der Sprache (also dem Denken) als der Trägerin gemeinsamer Begriffe. Der Mensch nimmt den riesigen Inhalt des Gemeinsamen deshalb in sich auf, um im Laufe seines vergänglichen Lebens große oder kleine Veränderungen beizusteuern; es sind letzten Endes wohl nur kleine – vergleicht man sie mit dieser ganzen Masse.

Gerade deshalb ist auch das Erleben des Gemeinsamen ebenso wirklich wie die sich mit ihm kreuzenden, bis zur Bestialität reichenden, intensiven Begierden des Egoismus; sie können sich in ein und demselben Menschen kreuzen (ob ein Nährboden für die einen oder für die anderen entsteht – das hängt von der jeweiligen sozialgeschichtlichen Situation ab). Auch wenn er egoistisch handelt, neigt der Mensch dennoch dazu, Handlungen – besonders die Handlungen der anderen, zum Teil aber auch seine eigenen – nach den Normen der Gemeinschaft zu bewerten. Übrigens rufen die Normen der Gemeinschaft längst nicht immer zum Humanismus auf – noch nicht einmal in ihrer offiziellen, getarnten Phraseologie. Die überaus grausamen und eigennützigen Interessen des Kollektivs fordern der Einzelperson auch Opfer ab, manchmal sogar ein totales (das hat der Faschismus demonstriert).

Einmal erscheint uns das Gemeinsame als Illusion, als Betrug oder als etwas Alogisches, dann wieder ist es die einzelne Persönlichkeit. Wahrscheinlich ist beides für sich genommen eine Illusion; unsere reale Erfahrung aber ist ihr Wechselspiel.

Für das westeuropäische Denken im zweiten Viertel dieses Jahrhunderts ist die Geschichte der Existentialisten charakteristisch. Sie beeilten sich, die reine Persönlichkeit in ihrer *Existenz* mit der Bürde des Überpersönlichen zu befrachten. Die einen – mit einer religiösen Rechtfertigung des Lebens (wenn es einen Gott gibt, so ist die Rechtfertigung im voraus gegeben). Die anderen – mit der Ethik der französischen Résistance.

Camus schrieb seinen herausragenden Roman »Der Fremde«, herausragend aufgrund der klassischen Klarheit, mit der hier über das Leben gesprochen wird.* Zur gleichen Zeit schrieb er zu seinem Roman einen philosophischen Kommentar – »Der Mythos von Sisyphos«; er ist nicht lang, doch weitschweifig (ebenso wie sein »Der Mensch in der Revolte«), und darin paßt eins nicht zum anderen.

Das Beste in diesem Traktat ist sein Epigraph aus Pindar: »O mon âme, n'aspire pas à la vie immortelle, mais épuise le champ du possible.«

Im »Fremden« ist der Urgrund des Bewußtseins die Unvernunft, es regt sich das Chaos, das Unfaßbare, das dem darin verlorenen Menschen Grauen einflößt. Sodann – die sinnlich wahrnehmbare Hülle des uns zugänglichen Lebens. Die erste Stufe seiner Rechtfertigung. In seinem Roman ließ es Camus damit bewenden, in seinem Traktat je-

---

\* »Die Pest« ist ganz im Gegensatz dazu eine Allegorie. Wozu von der Pest reden, wenn man etwas zum Faschismus sagen will? (Anm. d. Verf.)

doch kommt er, davon ausgehend, mit Hilfe eines logisch fehlgeschlagenen Schachzugs zu einer heroischen Sanktionierung des Daseins. Zu diesem Fehlschlag kam es durch die Negation des Offensichtlichen – jener Hierarchie, jenes zusammenhängenden Systems sozialer Werte, das über dem Chaos des Unfaßbaren und der verworrenen sinnlichen Erfahrung steht. Dies ist die zweite Stufe einer Rechtfertigung des Lebens. Es gibt noch eine dritte – das Absolute ... Aber das betrifft uns bereits nicht mehr.

Was kann man ohne Hierarchie jemandem entgegnen, der erklärt: »Nur zu, versuchen Sie doch, mir die Notwendigkeit der an mich gestellten moralischen Anforderungen zu beweisen.« Als Hauptargument gegen die Praxis des Egoismus bleibt dann nur seine Zerbrechlichkeit, sein Unvermögen, den Menschen zu schützen.

Was die Philosophie des Egoismus und Hedonismus betrifft, so entspricht sie in keiner Weise unserer Zeit. Dafür wäre etwas völlig Anderes notwendig – die Naivität der Sklavenhaltergesellschaft vielleicht? Oder die Abstraktheit der Aufklärer? Die Schöngeisterei der Utopisten oder die Sattheit der Ästheten?

Camus ist mit seiner an die Intellektuellen gerichteten Warnung: »Ich sage euch – morgen werdet ihr einberufen!« ein Mensch der französischen Résistance. Der Kollaborateur Giono offerierte eine andere Formel (sie verursachte einen Skandal): »Besser eine lebendige Leiche als ein toter Held.« Logisch? Logisch. Doch verlangt die Logik hier unbedingt nach einer weiteren Entfaltung. Eigentlich ist das eine Variation über das biblische Thema vom lebendigen Hund und vom toten Löwen. Aber dann bleibt nichts zu tun, als den Zustand des Hundes anzustreben, den Zustand eines animalischen Wesens, einen Zustand, der isolierte Befriedigung verheißt und Leiden, die nicht im Gedächtnis haften bleiben. Wer sagt: ein lebendiger Hund ist besser als ein toter Löwe, muß letztlich auch sagen: ein lebendiger Hund ist auch besser als ein lebendiger Löwe – das heißt, er ist glücklicher. Das ist ja auch der Gedanke des Ecclesiastes: »... und einem lebendigen Hund geht es besser, denn einem toten Löwen.« Der Hund ist nicht besser, ihm geht es besser.*

Der Löwe ist kühn, und so paßt die Bereitschaft zum Untergang in die Struktur des Löwen. Das nackte Prinzip der Lebensverlängerung (jeglichen Lebens) und der Mehrung partieller Befriedigungen ist folgerichtig nur möglich bei einer gleichzeitigen Negierung der Kultur. Denn die Kultur ist ein soziales Faktum, und sie ersetzt die Kategorie der Befriedigung durch eine Kategorie der Werte. Und der Begriff des Wertes setzt eine Abrechnung voraus. Als Teil der Gesellschaft lebt der Mensch den riskanten Akt der persönlichen Realisierung des Gemeinsamen. Freiheit, Heimat, Wissenschaft, Kunst, Liebe, Familie, Ehre – das alles sind sehr gefährliche Dinge. Das Opfer ist hier einfach die Voraussetzung für ihre Nutzung. Darüber hat Hemingway sein »Wem die Stunde schlägt« geschrieben. Es bestreitet ja auch niemand die Voraussetzungen, die für Piloten, Rennfahrer oder Bergsteiger gelten.

Ich weiß nicht mehr, wer als Antwort auf wiederholte ärztliche Warnungen gesagt hat: »Es ist gefährlich zu leben – man kann daran sterben.«

Die Intellektuellen wollten sich verändern. In der Verwirrung der ersten Tage wollte man der Einsamkeit entrinnen, man wollte den Egoismus abschütteln, der die Angst ver-

---

\* An dieser Stelle (Prediger/Ecclesiastes IX.4) divergieren die russische Bibel und die Lesart der deutschen Bibelübersetzungen der beiden großen Konfessionen: »Ein lebender Hund ist besser als ein Löwe, der tot ist.« bzw. »Ein lebendiger Hund ist besser als ein toter Löwe.« Martin Buber dagegen übersetzt die entsprechende Stelle mit: »... besser dran ist ein lebender Hund als ein toter Löwe.« (Anm. d. Übers.)

doppelte. Es war eine instinktive Bewegung, die eine lange intellektuelle Vorgeschichte hatte: der ewige Traum, über sich selbst hinauszuwachsen, der Traum von Verantwortlichkeit, vom Überpersönlichen. All dies äußerte sich undeutlich in einem seltsamen Gefühl der Übereinstimmung. Der Intellektuelle mußte jetzt damit beginnen, das, was die Gemeinschaft von ihm wollte, auch selbst zu wollen. Die alte utopische Aufgabe (wie sehr war Alexander Herzen von ihr fasziniert!) – ließ sie sich nicht vielleicht durch eine Synthese der Staatslogik mit der logischen Absurdität einer eigenwertigen Persönlichkeit lösen?

Wer nicht zur Armee einberufen worden war, wollte unverzüglich etwas tun – sich zum Dienst im Lazarett melden, sich als Übersetzer anbieten, einen Artikel für die Zeitung schreiben, und man hatte sogar den Eindruck, daß man dafür kein Honorar nehmen dürfe. Diese Absichten und Wünsche gerieten in eine Maschinerie, die für solches psychologisches Material völlig ungeeignet war. Mit altgewohnter Brutalität und voller Mißtrauen gegen den guten Willen der ihr Anvertrauten riß sie die Menschen aus manchen Arbeitsbereichen heraus, in andere Bereiche wurden die Menschen zwangsweise gedrängt.

Nach einigen Tagen wurde im Schriftstellerverband bekanntgegeben, daß alle losfahren sollten, um an einem unbekannten Frontabschnitt Panzergräben auszuheben oder Panzersperren zu bauen. Die einen machten sich sofort auf den Weg, um sich Krankenscheine zu besorgen, die anderen – besonders gebildeten – sprachen voller Geringschätzung über diese Leute, die sich in einem solchen Augenblick für körperliche Arbeit zu schade waren.

»Wißt ihr denn überhaupt, was körperliche Arbeit heißt?« sagte der erst kurz zuvor aus dem Lager zurückgekehrte Maximowitsch bei dieser Gelegenheit. »Habt ihr es schon irgendwann einmal ausprobiert? Mit dem Spaten zu graben, wenn ihr wißt, daß das, was ihr schafft, weit unter dem Soll liegt. Ach dieses intelligenzlerische Geheule ... Es ist eine Qual, in der Erde zu buddeln, vor allem, weil es völlig zwecklos ist. Na, ihr werdet ja sehen ...«

Wir haben es gesehen. Die Zahl der Krankenscheine wuchs schnell an. Übrigens hörte man oben bald damit auf, die Anordnung durchzusetzen. Der Mechanismus funktionierte der Form halber, er verfuhr mit dem Menschen je nachdem, welcher Kategorie der jeweilige Mensch, oder genauer: die jeweilige Gesellschaftsschicht zu einem bestimmten Zeitpunkt gerade zugeordnet wurde. In Leningrad bildeten Schriftsteller, Künstler und andere zunächst die Kategorie derer, die freiwillig in die Landwehr eintraten. Nicht ausgebildet und nahezu unbewaffnet warf man sie augenblicklich den frischen deutschen Truppen entgegen. Alle fielen. Ziemlich bald waren dann die Schriftsteller, Künstler und Wissenschaftler zur wertvollsten Kategorie geworden, die man evakuieren und behüten mußte. Schostakowitsch hatte man zunächst auf ein Dach geschickt, um Brandbomben zu löschen, später wurde er in einer Sondermaschine aus Leningrad ausgeflogen. Auf das eine wie auf das andere war man sehr stolz. Von den Schriftstellern und den übrigen wurde bald nur noch dasselbe verlangt wie immer, nur in höherem Maße.

Die Front lebte nach ihren eigenen Gesetzen. Dort gab es Befehle, die jemand entweder erfüllte oder nicht, oder aber man wartete auf neue Befehle. Auch das tiefe Hinterland hatte seine Routine. Dort produzierte man Kanonen oder Brot; dort konnte man den Krieg auch unverhohlen aussitzen. Doch hier, in einem Hinterland, das direkt an der Front, das unter Beschuß lag, wo es (für Zivilisten) fast nichts zu tun gab, bildete sich eine seltsame Wirklichkeit heraus, die in manchen Zügen der Wirklichkeit des Jahres 1937 ähnelte.

Die einen wie die anderen hatten ihre festen Zeiten. Die einen flogen ihre Angriffe anfangs zur exakt festgesetzten Stunde; die deutsche Pünktlichkeit war Bestandteil der psychologischen Kriegsführung (was wir wollen, das tun wir auch). Die anderen waren weniger pünktlich; es galt jedoch die Regel, daß sie selten später als vier Uhr morgens kommen. Von vier Uhr morgens bis zum Abend bildete sich der Mensch ein, er sei in Sicherheit. Diese eingebildete Atempause rettete vermutlich viele vor dem Wahnsinn.

In der Dunkelheit, in der Sprachlosigkeit – Warten auf das bis ins Mark dringende Klingeln oder auf die Abfolge der miteinander verknüpften Geräusche, die den Beginn eines Bombenangriffs ankündigten. Die morgendliche Ungewißheit ... Allmählich wird klar – ein Volltreffer im Eckhaus. Allmählich wurde klar – in der Nacht hatte man aus dem Bekanntenkreis diesen und jenen verhaftet. Früher hatten sie verstärkt das Stadtzentrum, zum Beispiel die Mochowaja, bombadiert, oder sie hatten versucht, das Rundfunkkomitee zu treffen. Aber jetzt, haben Sie das auch bemerkt, jetzt haben sie es offensichtlich auf die Wiborger Seite abgesehen. Und, haben Sie bemerkt, daß sie schon seit anderthalb Wochen das Zentrum systematisch meiden. Wir im Zentrum haben es jetzt ja vielleicht hinter uns. – Na freilich: die wurden beschattet. Aber weshalb ausgerechnet diese Beschattung? Bestimmt kein Zufall. A. stand mit gewissen Leuten in Verbindung ... B. war unvorsichtig, hat zuviel geplaudert. Und, wissen Sie, C. hat doch diese Verwandten. Wenn man keine solchen Verwandten hat und auch nicht plaudert – vielleicht passiert einem dann nichts. – Das Zentrum haben sie, warum auch immer, in Ruhe gelassen. Ja natürlich, mal ein Zufallstreffer ... Ein Durcheinander, das den Verstand trübte.

Kann man überhaupt leben, wenn *sie* nur fünfzehn Kilometer entfernt stehen? Oder wenn man abends nicht weiß, wo man den nächsten Morgen erlebt? Doch die Gesellschaft lebte und fand indessen entsprechende Lebensformen.

Die Unfreiheit des Krieges leuchtet besonders dort ein, wo sie zur Reglementierung wird. Ein Zivilist im direkt hinter der Front liegenden Hinterland arbeitet nicht; bestenfalls arbeitet er der Form halber (die übriggebliebenen Fabriken und medizinischen Einrichtungen waren mehr oder minder militarisiert worden), weil er nichts zu produzieren hat. Die Blockade gestattete es dem nicht benötigten Menschen, sich mit der Erhaltung seines eigenen Lebens zu befassen. Das war erlaubt und legitim.

»Was machen Sie?« fragte man im Blockadewinter Professor R., der in Leningrad festsaß. Er gab zur Antwort: »Ich esse zu Mittag.«

Eine seltsame, verdoppelte Widerspiegelung der früheren Wirklichkeit, ihrer Unfreiheit und ihres Egoismus. Doch der Mensch, der die Sinnlosigkeit egoistischer Qualen durchlebt, weiß bislang nichts vom Sinn seines Verhaltens, weiß nicht, daß alles, was er tut, noch eine zweite Bedeutung hat – in sich selbst bewahrt und rettet er das verlöschende Lebensfeuer. Und auf einer anderen, historischen Ebene dient sein Wille zur Selbsterhaltung dem gewaltigen, aus vielen Einzelteilen bestehenden Ganzen des kämpfenden Landes.

## *Erstarrung*
### (Bekenntnisse eines überlebenden Dystrophieopfers)

Diese psychologische Episode habe ich auf der Grundlage von Erzählungen verschiedener Blockademenschen über ihre Blockadeerfahrungen (in der Ich-Form) rekonstruiert.

Ich saß an meinem ehemaligen Schreibtisch, den Stuhl hatte ich dicht herangerückt, und so saß ich eingeklemmt zwischen Tischkante und Stuhl – erstarrt. Man hatte mich beauftragt, eine äußerst wichtige Übersetzung anzufertigen. Dieser Impuls reichte aus, damit die Feder übers Papier glitt. Aber ich dachte schon mit Widerwillen daran, daß ich sie, die Feder, demnächst eintauchen oder das Blatt wenden müßte. Obwohl es notwendig gewesen wäre, zum anderen Tischende nach der Rasierklinge zu greifen, um damit den Bleistift anzuspitzen, schrieb ich lieber mit dem stumpfen Bleistift weiter, oder ich benutzte etwa einen Bleistift statt der Feder, um nicht die Hand nach der Feder ausstrecken zu müssen. Das lag nicht an der Müdigkeit, auch nicht an der Auszehrung, die bereits nicht mehr so schlimm war. Schon viele Monate hatte das Laufen im Kreis angedauert. Der Frühling hatte in gewisser Weise eine Unterbrechung gebracht; oder genauer: das Tempo gedrosselt. Und gemeinsam mit dieser Tempodrosselung brach die Krankheit der körperlichen Trägheit aus – eine ungewöhnliche Lähmung des Willens.

Am leichtesten waren solche Handlungen auszuführen, die durch die unumgängliche Notwendigkeit des Augenblicks oder durch die Gleichgültigkeit gegenüber gewohnten Situationen hervorgerufen wurden. Es war psychologisch einfacher, zum Mittagessen ans andere Ende der Stadt zu laufen oder einen Eimer Wasser die Treppe hochzuschleppen, als die Hand nach dem Bleistiftspitzer auszustrecken. Zum Mittagessen trieb uns der mächtige Anreiz, dadurch etwas zu gewinnen; das Schleppen der Eimer, das Spalten von Brennholz waren mit einer Gewohnheit verknüpft, die kein Eingreifen des Willens erforderte. Zwischen jedem Ding, das nicht in der festgelegten Tagesordnung seinen Platz hatte, und dem darauf wirkenden Willen, mußte immer wieder aufs neue eine Beziehung hergestellt werden. Und jedes Mal war es eine Qual. Der Wille verkrampfte sich und erstarrte, voller Angst vor dem Kontakt, vor der winzigsten Bemühung, auf eine Welt einzuwirken, die zur Quelle ewiger Leiden geworden war.

Die Briefe vom »Festland« beantwortete ich nicht. Das hatte viele psychologische Ursachen. Hauptsächlich aber beantwortete ich sie deshalb nicht, weil es notwendig gewesen wäre, sich um einen Briefumschlag zu bemühen (zu kaufen gab es sie nicht), eine Briefmarke zu erstehen und zum Briefkasten zu gehen. Das alles waren völlig unbedeutende Tätigkeiten, doch sie liefen nicht mechanisch ab, sie waren nicht durch Gewohnheit verwischt und erforderten deshalb eine Willensanstrengung.

Automatisch führte man dagegen jene hoffnungslosen Tätigkeiten aus, die darauf abzielten, die unablässig und einförmig wiederkehrenden Bedürfnisse zu befriedigen. Manchmal war es schwer, mit solchen Tätigkeiten zu beginnen, schwerer, als sie – bei aller physischen Beschwerlichkeit – dann zu vollziehen. So mußte man zum Beispiel, bevor man sich durch alle Hindernisse der feindlichen Welt seinen Weg zum Mittagessen bahnen konnte, noch die Einmachgläser auswaschen (in ihnen brachte man sich etwas nach Hause mit), mußte sie mit steifgefrorenen, vom Wasser angeschwollenen Fingern sauberreiben. Schon wieder? Dieser Ekel! Ich kann nicht! Doch die Anstrengung, damit anzufangen, ist geschafft. Der Ekel schwindet, und jetzt gebe ich mir bereits Mühe, mit meinen Fingern die Ränder der Gläser möglichst sorgfältig abzuwischen.

Die Trägheit war eine Erkrankung des Willens, ihre Symptome waren Widerwillen und Angst vor jedem Kontakt mit der Welt.

*Und die Welt wendet uns ihre andere Seite zu ...*

Uns wandte sie ihre leidvolle Seite zu. Am Ende des Winters 1942 war längst nicht mehr alles, was wir erlebten, reales Leid, doch das Bewußtsein war durch das Warten auf und durch die unbewältigte Gewöhnung an das Leiden angeschlagen.

Der Krieg war der wesentliche Inhalt dieser Welt, war ihre totale Wirklichkeit. Die faktische und psychologische Totalität dieses Krieges ließ keine Möglichkeit mehr für jene Schleichwege offen, die es in früheren Kriegen gegeben hatte. Jeder, der nicht unmittelbar Anteil an ihr hatte, wußte (ungeachtet aller möglichen Argumente), daß er von dieser allgemeinen Wirklichkeit ausgeschlossen war. Er konnte natürlich der Meinung sein, daß das eigene Leben wichtiger sei als die historische Wirklichkeit, doch er wußte: die Wahl war getroffen.

Die Dystrophie war die Extremform des Ausgeschlossenseins; durch sie erübrigte sich jede Wahl. Sie befreite von jeder moralischen Beunruhigung, denn wir, die Dystrophieopfer, begriffen, daß wir dem Krieg geopfert wurden, doch begriffen wir damals noch nicht, daß auch wir das Gemeinsame bildeten – wenn auch nur ein reflektiertes und farbloses Gemeinsames. Daß der Feind mich vernichten wollte, ich aber lebte; daß der Feind die Stadt vernichten wollte, die Stadt aber lebte, und ich war ein nahezu unbewußtes Teilchen ihres Widerstand leistenden Lebens.

Das wußten wir nicht. Die Dystrophie ließ dem Menschen eine schützende Teilnahmslosigkeit, unter deren Schleier er leichter sterben konnte. Sie ließ den Menschen zurück, Auge in Auge mit der unverhüllt zutage tretenden, ursprünglichen Dualität von Befriedigung und Leiden.

Winter – das bedeutet glitzernde Schönheit, leichtes Atmen und lustiges Feuer, weicher Schnee, ein weicher Pelz ... Ein nicht besiegter Winter jedoch – Finsternis, zugefrorene und bleischwere Eimer; das bedeutet Kälte, eine ewige Kälte, die ins Herz schneidet. Die Mittel, mit denen die Welt der Dinge bezwungen werden konnte – sie läßt sich durch Liebe, durch Wissen und durch Hilfskonstruktionen bezwingen –, waren inmitten des Chaos und des Zerfalls der zur Zivilisation gehörenden Gegenstände verlorengegangen.

Doch ich hatte die Dystrophie überlebt, und nun gewann ich die Möglichkeit zu denken zurück. In Gedanken ordnete ich die Erscheinungen der Welt nach eigenem Gutdünken bestimmten Kategorien zu. Doch keinesfalls wollte ich die Qual körperlicher Berührung mit der Welt erleben. Jede Berührung mit der überreizten Haut oder Seele tat weh. Die schweren Leiden des Winters hatten sich allmählich in eine permanente Überreizung der Nerven verwandelt.

Ich trug meine Fernbrille nicht dauernd. Wenn ich sie aufsetzte, liebte ich das Feierliche der damit verbundenen Veränderung. Plötzlich rückte die Welt näher und flammte auf; und diese blendende Helligkeit, die einen daran hinderte, sich zu konzentrieren, ließ sich auch wieder dämpfen. Doch eines Tages im Frühling – die Straßenbahnen verkehrten gerade erst wieder – wurde mir in der Bahn die Brille zerdrückt (ich hatte sie in die Manteltasche gesteckt). Ein Rezept hatte ich, aber dann stellte sich heraus: man konnte keine Gläser in Auftrag geben. Gläser gab es nicht. Und die Welt verschwamm und erlosch. Ich ging an den unvergeßlichen Ensembles Leningrader Schönheit vorüber und konnte sie nicht in ihrer ein wenig künstlich wirkenden, in allen Regenbogenfarben schillernden Klarheit wiederfinden, die ich in jenem anderen Leben so sehr geliebt hatte. Das machte wütend und gereizt. Diese Gereiztheit beherrschte mich so sehr, daß ich mein volles Sehvermögen überhaupt nicht mehr wiedererlangen wollte.

Noch qualvoller war es mit den Schuhen. Den zerrissenen Überschuhen. Frühling zum Beispiel – das hieß in erster Linie: nasse Füße, immerzu nasse Füße. Hatte man endlich sein Ziel mühsam erreicht und sich hingesetzt, so schien es, als trüge man weder Socken noch Schuhe, als klebe rings um die Füße schwerer, aufgequollener Gummi. Die Schuhe (neue ließen sich nirgends auftreiben) waren schiefgetreten und steif geworden, man lief wie auf Eiern. Ich ging, blickte zu Boden und dachte über meine Füße nach. Es waren gerade die Füße, die einen unmittelbaren physischen Kontakt zur Welt herstellten. Einen widerwärtigen Kontakt.

Ich begriff, was es heißt, auf beiden Füßen zu hinken – dann nämlich, wenn keiner der beiden Füße imstande ist, das Gewicht des Körpers zu tragen. Irgendwann einmal, in jenem anderen Leben, hatte ich noch die Vorliebe, im Gehen nachzudenken. Ich liebte das Wechselspiel dieses zweifachen Rhythmus von äußerer und innerer Bewegung. Mit Vorliebe hochte ich auf mein Atmen, während ich auf Straßen und Wegen durch die Welt schritt. Über unsere Wege mit ihrer herrlichen Wiederholbarkeit, die das blinde Verlangen weckt, weiter und immer weiter zu gehen ... stets in der trügerischen Erwartung: Jetzt endlich, hinter der nächsten Biegung, zeigt sich ... Mit einer unerklärlichen und unlogischen Selbstverachtung erinnerte ich mich jetzt daran, während ich langsam weiterhumpelte.

Gereiztheit und Demütigung durchzogen das Leben. In manchen Kantinen und in den Behörden gab es Toiletten – ohne Wasser, in furchtbarem Zustand. Vor der Toilette stand man Schlange. Die Menschen machten keinen Hehl daraus, daß sie nicht die Kraft hatten zu warten (ein Symptom der Dystrophie). In der Redaktion, in der ich arbeitete, gab es nur eine einzige Toilette. Die Mädchen, ganz gewöhnliche Mädchen ohne jede Absicht, unverschämt zu sein, brüllten dem auf der Toilette sitzenden Mann zu, er solle jetzt endlich herauskommen. Und kaltblütig versetzte der (junge) Mann durch die geschlossene Tür – auch er unabsichtlich schamlos: »Je nun, soll ich vielleicht ohne Hosen zu euch rauskommen, oder was?«

Auch mit dem Essen waren zahlreiche Rahmenbedingungen verbunden, die Gereiztheit hervorriefen. In der Zeit des großen Hungers hatten die Impulse, die einen zum Essen trieben, alles, woraus Gereiztheit resultieren konnte, überlagert. Jetzt war das anders. Es fing schon mit dem Einkaufen an. Im Geschäft war es immer dunkel und feucht. Die Füße waren naß und schmerzten. Und ich zeichnete mich zudem durch die katastrophale Unfähigkeit aus, mit all den Dingen, die man gleichzeitig in den Händen halten sollte, zurechtzukommen. Verwundert und neidisch beobachtete ich, wie leicht und geschickt die Frauen mit großen und kleinen Taschen hantierten. Ich konnte das nicht. Man mußte zunächst die Brieftasche hervorkramen und, hatte man sie endlich gefunden, aus der Brieftasche die notwendige Lebensmittelkarte herausholen (dabei aber nicht die anderen Karten, mit denen sie zusammenlag, fallenlassen). Dann das Geld. Von hinten wurde gedrängelt, und ich schaffte es nicht mehr, das Wechselgeld wieder einzustecken. Das Geld, die Karte und die Brieftasche in den Händen ging ich zum Ladentisch. Die unter den Arm geklemmte Aktentasche rutschte unaufhaltsam abwärts. Ich war sicher, daß man mir die Handschuhe im selben Augenblick gestohlen hätte, in dem ich sie in die Manteltasche steckte. Wenn ich die Handschuhe aber nicht einsteckte, dann hatte ich absolut keine Hand mehr frei, um das Einkaufsnetz zu entwirren, in dem die 300 Gramm Heringe ihren Platz finden sollten. Schließlich hatte ich alles in den Händen: Aktentasche, Brieftasche, Einkaufsnetz, Wechselgeld, Handschuhe, Lebensmittelkarte – die hielt ich mit aller Kraft fest – und die von der Verkäuferin unordentlich in Papier eingewickelten Heringe. Voller Widerwillen drückte ich das alles zu einem Klumpen, preßte ihn an mich und humpelte in die Ecke zu einem ramponierten Ladentisch, um dort alles abzuladen und zu sortieren; dabei warf ich ab und zu einen Blick über die Schulter, um zu sehen, ob sich da nicht irgendwer an mich heranpirschte.

Die feindliche Welt bedrückte den Körper – sie lastete auf seiner wunden, überanstrengten Oberfläche. Und der Körper – der Vorposten dieser Welt – bedrückte das Bewußtsein. Von allem übrigen einmal abgesehen, wurde in dieser Welt geschossen. Und, seltsam genug, man nahm diesen Umstand jetzt weniger seiner eigentlichen Natur gemäß, nämlich als Todesgefahr zur Kenntnis, als vielmehr durch die nebensächliche Begleiterscheinung des Gereiztseins. Schon wieder diese Hetze ... Die lassen einen nicht in Ruhe zu Mittag essen. Bloß nicht schon wieder mit nassen Füßen und vollem Einkaufsnetz in einer Toreinfahrt stehen. Teufel nochmal!

Die Welt bedrückte das überanstrengte, wunde Bewußtsein. Am besten ging es ihm noch, während man in Erstarrung verharrte. Wenn es im Zimmer warm war, so hatte die Erstarrung nichts Beklemmendes. Hinter den Fenstern aber, in einer seltsamen materiellen Nähe, in unermeßlicher intellektueller Ferne lag die Welt mit einer Vielzahl von Dingen, die man irgendwann einmal geliebt hatte. In nächster Nähe, hinter den blinden Fenstern lag die Stadt, die bis aufs Blut gepeinigte Stadt, von der es mir auch jetzt noch schwerfiele, Abschied zu nehmen. Schwerer als von den

Menschen, die diese Stadt verlassen hatten. Ich liebte die Stadt mit all ihrer berühmten Symbolik, ihrem Nebel und nassen Schnee, ihrem Brandgeruch und Wind. Besonders diesen Wind ... Ich wußte, wie sehr ich meine Stadt lieben konnte – die leeren Straßen, die Schneewehen in den Grünanlagen, die verwundeten Häuser ... Aber jetzt war ich eine wunde Oberfläche, und ich bat die Stadt, mich nicht zu berühren.

Ich hatte mich daran gewöhnt, auf die äußere Welt zu verzichten. Als mir ins Bewußtsein drang, daß der Himmel hellblau ist, daß da Knospen sind, aus denen Blätter werden, die im Wind rauschen, erschrak ich, fürchtete ich mich vor der neuen Jahreszeit, die für die Erstarrung eine Bedrohung darstellte. Wie ein Wahnsinniger fürchtete ich mich davor, daß nun all das ein Ende habe. Schließlich mußte es dann doch zu Ende gehen, jenes seltsam einfache, auf ein Minimum reduzierte Dasein, das ich fristete, das qualvoll und zugleich bis zum Äußersten erleichtert war. Dann mußte doch das komplizierte, schwer wiederherzustellende normale oder scheinbar normale Leben beginnen mit all seinen anstrengenden Wünschen. Jetzt war da Erstarrung. Und eine Welt, erloschen mit der zerbrochenen Brille, undurchquerbar wegen der schiefgetretenen Schuhe. Eine Welt ohne Liebe. Ich saß in stiller Erstarrung, und jegliche Liebe – vergangene oder künftige – schien mir eine maßlos mühselige Angelegenheit zu sein.

Ich litt an einer besonderen, einer Blockade-Krankheit: der Schwäche des Willens. Und als einzig begehrenswerten und zulässigen Ausweg erträumte ich mir den Übergang dieser Krankheit in eine gewöhnliche, althergebrachte menschliche Krankheit. Das Bett zu hüten war aus vielerlei praktischen Gründen unmöglich. Aber eine Krankheit, eine gewöhnliche Krankheit wäre der Idealzustand. Das schlaftrunkene, vom Fieber umnebelte Bewußtsein würde alle

Reaktionen auf die Forderungen der feindlichen Welt aufschieben. Eine Krankheit gab der Erstarrung ihre tiefste Berechtigung.

Schließlich war die Krankheit ausgebrochen, und daraufhin hatten sich die unüberwindlichen Hindernisse des alltäglichen Lebens auf unvorhergesehene Weise in Wohlgefallen aufgelöst. Gierig begann ich nun, mich der Krankheit hinzugeben; und es schien sogar, als könnte ich ihrer niemals überdrüssig werden. Am schlechtesten erträgt der Mensch das Fehlen von Zielen. Doch die Krankheit schuf eine seltsame, in ihrer Form einzigartige Kombination aus Erstarrung und beständiger Zielstrebigkeit, als würde diese beständig umgesetzt. Das Fieber brachte die Notwendigkeit mit sich, aufgrund der Entkräftung unbeweglich zu verharren und sich von der schrecklichen Welt auszuschließen. Diese Notwendigkeit war unmittelbar, körperlich spürbar, und ihr nachzukommen war in sich selbst schon zielstrebig. So bedeutete der Fieberzustand, die bleierne Schläfrigkeit (diese Schläfrigkeit führt zu einem besonderen Genießen des Schlafs, denn es ist ein wahrnehmbarer, bewußter Schlaf), zugleich das Erleben, daß man eine notwendige, wenngleich negative Handlung vollzog.

Ich lag, und von mir fielen all jene Entfernungen ab, die ich mit wunden Füßen zurückgelegt hatte, all jene Räume, die mich vom Wasser, vom Brennholz, vom Brot getrennt hatten. Ich lag, und mir gefiel es, die Erstarrung bis zum Äußersten zu treiben. Durch meine Unbeweglichkeit erreichte ich allmählich das Verschwinden des Körpers. Der mir zuwider gewordene, feindselige, leidende Körper machte sich nicht länger bemerkbar. Etwas Ähnliches erlebt ein Schwimmer, wenn er mit geschlossenen Augen auf dem Wasser liegt, das er bereits nicht mehr spürt, und ihm von allen Empfindungen nur noch die seines eigenen tiefen Atmens bleibt.

Die Empfindung des Atmens war auch mir geblieben. Im Halbschlaf verfolgte ich lange, wie sich der Atem in der Tiefe bildete, wie er anschwoll und nach oben strömte, als würde er allein für sich selbst existieren, wie sich das einzig Existierende seinen Weg quer durch den nicht wahrnehmbaren Körper bahnte.

Einer wohltuenden vollständigen Entfremdung des Körpers stand das Herz im Wege. Von der linken Seite ging manchmal ein unangenehmes Ziehen aus. Ich bemühte mich dann, die linke Schulter und den Arm besonders flach und unbeweglich hinzulegen. Das Herz hinzulegen. Aber das Herz mußte arbeiten. Es war unangenehm, daran zu denken, daß man das Herz nicht für eine gewisse Zeit anhalten konnte, daß es seine sich selbst verzehrende Tätigkeit weiter und weiter führte. Und wie lange konnte das noch andauern? ... Doch das Herz machte sich ja nicht ständig bemerkbar.

So schaukelte ich auf den Wellen der Krankheit hin und her. Und ich wußte, ohne darüber nachzudenken, daß die Opfer der Dystrophie so in einen leichten Tod entgleiten. Ein Tod ohne Widerstand. Ein Tod ohne Erstaunen: da lebte ein Mensch, und plötzlich ist er nicht mehr da! Unglaublich! Nein, sogar sehr, sehr glaubhaft. Glaubhafter als alles andere.

Ein Tod, der vom Leben keine Spur übrigläßt. Wie weggeblasen.

*Spurlos ist alles; nicht mehr zu sein, wie leicht ...\**

Ganz und gar nicht wie Iwan Iljitsch. Ebensowenig wie Lew Nikolajewitsch.

---

\* Zeile aus der dritten Strophe eines Gedichts, das Fjodor J. Tjutschew am 11. Dezember 1870 anläßlich des Todes seines Bruders Nikolaj schrieb. (Anm. d. Ü.)

Doch das Leben mit seinen noch immer intakten Begierden kam schon wieder langsam zum Vorschein. Mit seinem Wunsch zu leben, mit seiner Bereitschaft, den Tod zu riskieren, die durch die Erstarrung hindurchschimmerten.

*Ausschnitte eines Blockadetages*

## I.
### Die Hast

N. hatte nicht sogleich begriffen, warum jeden Tag gegen zwei Uhr an seinem Arbeitsplatz ein seltsamer, krankhafter Zustand von ihm Besitz ergriff. Dann war er dahintergekommen – es war die Hast, eine der Kehrseiten des Hungers bzw. des Hungertraumas. Als Maske des Hungers besteht die Hast in einem unablässigen Streben von einer Etappe des Essens zur nächsten, begleitet von der Angst, irgend etwas zu verpassen. Besonders verknüpft sich diese Hast mit dem Mittagessen. Es ist eine bürokratische, eine teilnahmslose Instanz, die einem das Mittagessen zuteilt. Das heißt, bei ihr gibt es für alles objektive Gründe (es gibt sie tatsächlich, und sie sind tatsächlich objektiv). Und wenn es nun auf einmal nicht reicht? Im Winter hatte die Kascha einige Male nicht gereicht.

Jetzt bekommt man in der Kantine alles, was einem zusteht. Jetzt ist die Hast eine Widerspiegelung des seelischen Zustandes, ein Wettrennen von einem ziellosen Ziel zum nächsten. Der Weg von Ziel zu Ziel beschreibt einen Kreis in seiner nirgendwohin führenden Wiederholbarkeit.

Eine Motivierung durch ein gewöhnliches Hungergefühl – das ist ein Zeichen der Gesundung, das hat etwas Beruhigendes. Gerade zu dieser Stunde beginnt sich das Hungergefühl zu verstärken. Doch der traumatisierte Mensch erträgt das Verlangen zu essen schlecht; es erzeugt seinerseits Sehnsucht und Angst. N. ist jetzt auf den Wunsch zu gehen fixiert (er hat keine feste Arbeitszeit). Er redigiert ein maschinengeschriebenes Manuskript und hangelt sich mit Mühe von Zeile zu Zeile. Am unangenehmsten ist es, eine Korrektur vom ersten Exemplar ins zweite und dritte zu übertragen. Eine dreifache Bremsung des Wettrennens. Jetzt ist es nur noch notwendig, die äußeren Formen zu wahren; und das tut er auch, indem er sorgfältig seine Bewegungen verlangsamt. Leichthin sagt er:

»Geben Sie das doch weiter. Ich muß jetzt unbedingt los. Gegen vier Uhr bin ich wieder hier, falls jemand fragen sollte …«

Jemand fragt:

»Gehen Sie zur Kantine?«

»Ja, das heißt, da gehe ich auch hin. Vorher hab' ich noch was zu erledigen.«

Nur keine Hast erkennen lassen.

Die Sekretärin sagt in munterem Tonfall:

»Wissen Sie was, es wäre wundervoll von Ihnen, wenn Sie mir noch schnell dieses Schreiben aufsetzen könnten.«

Aus der Perspektive der Sekretärin bedeutet das eine Verzögerung von ein paar Minuten. Sie, dieses liebe Mädchen, begreift nicht, wie sie damit in den inneren Lauf des traumatisierten Bewußtseins eingedrungen ist, und wie schmerzhaft das ist.

N. kann jetzt keine einzige verzögernde Bewegung mehr ausführen. Er kann nicht mehr zu seinem Tisch zurückkehren. Er bittet die Sekretärin um einen Zettel, obwohl er selbst Papier in seiner Aktentasche hat, doch er müßte erst noch die Schnalle der Aktentasche öffnen und wieder schließen. Er nimmt sich die erstbeste, kaum noch schreibende Feder, setzt sich schnell irgendwo hin und schreibt diese paar Zeilen in einer Schrift, die nicht mehr seine eigene ist; damit gewinnt er eine Minute. Er schreibt und überlegt, daß er gleich noch den Ausgang zur Straße hinter sich lassen muß, dann die Straßenbahn, die Schlange vor dem Kontrolleur, die Schlange in der Kantine, die Schwerfälligkeit der Frau an der Essensausgabe … Und innerhalb dieser Abfolge beschwerlicher Handlungen erweist sich das, weswegen sie vollzogen werden – eine Portion Suppe und 200 Gramm Kascha –, als etwas unfaßbar Kurzes und Vergängliches.

Nach der Straßenbahn ist der noch zu Fuß zu durchquerende Raum besonders widerwärtig. Unterwegs begegnet man Menschen, die aus der Kantine zurückkehren. Es ist schwer, die Frage: »Was gibt es?« nicht zu stellen – und dennoch: man will sie sich verkneifen, um sich nicht sofort aller hoffnungsvollen Möglichkeiten zu berauben. Es lassen sich auch Schlußfolgerungen daraus ziehen, wie sie ihre Taschen, Blechkannen oder Aktentaschen festhalten. Jetzt ist hinter der Straßenecke bereits die Eingangstür zu sehen, die stets einen Spalt offensteht. Nichts (auch kein Artilleriebeschuß oder Luftangriff) kann jetzt noch verhindern, dorthin zu gelangen und hineinzugehen. In der Tiefe des dunklen Flurs schimmert ein Lichtstreif; manchmal sieht man dort den kahlen Kopf des Kantinenkellners vorbeihuschen – das erfreuliche Zeichen für eine Sonderzuteilung. Manchmal aber blinkt dort auch die trostlos glatte Fläche der leeren Theke.

Im Winter (besonders vor der allgemeinen Evakuierung) standen hier, vor der Kontrolle, die Menschen stundenlang Schlange. Sie standen demütig. Um das Mittagessen, das sie vor dem Hungertod bewahrte, zu erhalten, schien jeglicher Kraftaufwand gerechtfertigt. Außerdem standen die Menschen hier nicht im Frost, sondern nur im kalten Flur. Jetzt ist es vor der Kontrolle leer – eben darum sind auch alle in so schrecklicher Hast. Jeder will, während er hektisch mit Lebensmittelkarten, Geld und Passierscheinen hantiert, diesen Damm aus drei oder vier sich langsam vorwärtsbewegenden Rücken durchbrechen; jeder muß, um Ruhe zu finden, so schnell wie möglich seine Essensmarke in die Hand bekommen (daß sie die Frau an der Essensausgabe bloß nicht verliert ...) Das alte Trauma ist noch intakt.

Dem Aussehen nach ist das hier eine mittelprächtige Kantine (eine Nachahmung normaler Lebensformen) mit vertrockneten Blumentöpfen auf den Tischen, mit angeschmutzten Tischdecken und nahezu sauberem Personal. Man merkt nicht sofort (im Winter hatte man alles sofort bemerkt), daß sich die Menschen hier an einem tragischen Geschehen beteiligen. Begreiflich wird das aber, wenn man beobachtet, wie schnell sie ihre Löffel ablecken (die Teller auszulecken haben sie sich bereits wieder abgewöhnt), wie sie ihren schräg gehaltenen Teller auskratzen, wie sie mit dem Finger die Kascha vom Rand ihres Einmachglases abstreifen, wie sie verstummen, wenn das Essen vor ihnen steht, wie aufmerksam sie es betrachten, wie ihre Blicke automatisch den Bewegungen der Frau an der Essensausgabe folgen.

Von allen Mahlzeiten hat das Mittagessen am wenigsten Ähnlichkeit mit seinem Namen. Die Suppe erfüllt einen noch nicht mit Hoffnungslosigkeit. Sie schmeckt nicht so gut und gibt zudem mehr her; und – das Wichtigste – sie ist der erste Gang. Das Traurigste am Mittagessen ist das Aufessen der Kascha; ein extrem kurzer Akt, so kurz, daß sich Anfang und Ende in ihm berühren. Zwei schnelle Schwünge mit dem Löffel genügen, um eine nicht wiedergutzumachende Zerstörung anzurichten – in dieser kreisförmig auf dem Teller liegenden weichen Masse mit ihrer kleinen Mulde in der Mitte, in der zehn Gramm Fett schwimmen, die wie dunkles Gold schimmern.


II.
Nach dem Mittagessen

Die Traurigkeit über den leergelöffelten, von der Kascha noch fettig glänzenden Teller kennzeichnet das Ende der vormittäglichen Zielstrebigkeit. Nun beginnt die Flaute des Blockadetages. Das Phänomen der nachmittäglichen Flaute enthält nichts, was es nicht auch früher gegeben hätte. Ein richtiges Mittagessen (nicht jenes, das der Mensch in der Mittagspause zu sich nimmt) hatte stets einen Wendepunkt bezeichnet. Das späte Essen gegen sieben Uhr abends war bereits der unmittelbare Übergang zur abendlichen Erholung gewesen. Die frühen Mittagessen hatten den Tag in zwei Hälften gespalten. Tschechow behauptete, man könne nur bis zum Mittagessen arbeiten. Das Mittagessen erzeugt nicht nur Trägheit und Schläfrigkeit, sondern auch die Empfindung, der Tag beginne nun hinfällig und alt zu werden, er sei ausgeschöpft und liege im Sterben. Für viele waren dies herrenlose Stunden, die sich mehr schlecht als recht dahinzogen, bis endlich der Abend mit seinen eigenen Gesetzmäßigkeiten und Zielen Gestalt annahm.

Jetzt, da die Menschen wieder in die ursprüngliche Abhängigkeit vom Wechsel zwischen Tag und Nacht, von Temperatur und Licht gerieten, war das Gefühl vom Sterben des Tages besonders konkret. Die weißen Nächte stehen in ihrem Zenit – doch dieses Wintertrauma hält sich, schrecklich zäh ist es, wie alle Traumata dieses Winters. In der nachmittäglichen Depression wird jetzt das Gefühl der Übersättigung durch die Enttäuschung, durch die Kränkung ersetzt, die von dem schnell sich verflüchtigenden Mittagessen ausgeht.

Der Blockadekreis besteht aus wiederkehrenden, sich erneuernden Ausschnitten. Mit der gleichen Regelmäßigkeit wie alles übrige – wie die Artillerieangriffe zum Beispiel – hat auch die nachmittägliche Schwermut ihre Stunde. Das Bewußtsein wird für kurze Zeit dieser Schwermut zugänglich; und plötzlich wird all jenes bewußt, was zu anderen Zeiten im Nebel liegt. Mit beklemmendem Schmerz wird die Ziellosigkeit aller Ziele bewußt, die Wiederholbarkeit aller Gesten, die den Wettlauf begleiten. Insbesondere aber – das gewaltsame Abgetrenntsein. Das Abgetrenntsein von jenen, die evakuiert, die auf dem »Festland« sind. Sie sind unvorstellbar, ihre Existenz ist unwirklich. Das Abgetrenntsein von jenen, die neben einem dahinrennen ...

Zu Fuß kehrt N. langsam von der Kantine in die Behörde zurück. Rechts, in der Tiefe einer Gasse schimmert die Newa. In der Stunde der Schwermut muß man daran vorbeigehen, darf man nicht daran rühren. Nur, wenn er über die Brücken fährt, wirf N. in diesem Sommer einen Blick aus der Straßenbahn auf die feierliche Newa mit ihren Kriegsschiffen. Kein einziges Mal hatte er mit seiner Hand den sonnenwarmen Granit berührt oder auf einer der halbrunden Bänke gesessen, nie war er von dort die Stufen zum Wasser hinabgestiegen, das sich unerwartet vertraut und stofflich – mit feinem Sand auf dem Grund und dem Geruch nach Fisch – inmitten des dekorativen Flußpanoramas dem Blick offenbarte.

Die Straßenbiegung an der Fontanka mit dem alten Haus. Hier war N. öfter zu Gast gewesen. Die Menschen, die er besucht hatte, waren evakuiert worden. Er war immer sehr spät hierher gekommen, hatte sich viel später auf den Weg hierher gemacht, als er jetzt zu Bett ging. Dort hatte es immer Wodka gegeben und eine Kleinigkeit zu essen. Seltsam ... Die Menschen saßen da, sie redeten und redeten. Sie lasen einander etwas vor. Achtlos fragten sie: »Was ist? Trinken wir den Tee jetzt oder lesen wir erst zu Ende?«

»Natürlich lesen wir erst ...«

Man kam zu Besuch, war eingeladen zum Abendessen, welches dann den Gesprächen zuliebe immer wieder aufgeschoben wurde. Oder dieser Wind und im Wind das ewige Rauschen der Blätter an den Zweigen – das alles gehörte in jenes andere Leben. Doch die Schwermut geht noch einen Schritt weiter. Sie will keine Rückkehr mehr. Einerseits, weil jenes Leben ein völlig anderes, ein bis zur Irrealität unbegreifliches war, andererseits, weil es dem jetzigen allzusehr ähnelte – wie eine Sinnestäuschung.

Ohne sich umzusehen, geht N. in sich selbst vertieft von der Kantine zur Behörde. Plötzlich dringt ein bekannter, dumpf bebender Ton in sein Bewußtsein. Und sogleich wird ihm auch bewußt: das war nicht der erste, kurz hintereinander waren da schon mehrere solcher Töne zu hören gewesen. Ein Artillerieangriff; bislang offensichtlich noch auf einen anderen Stadtteil. Jetzt sieht N. sich um. Wäre da nicht dieser Ton, käme man nicht dahinter, was hier geschieht. Die Passanten gehen mit Leningrader Gelassenheit, die hier zur uneingeschränkt über den Menschen herrschenden Durchschnittsnorm geworden ist, ihren Angelegenheiten nach. Sie gehen die Straße entlang (bis jetzt hat man sie noch nicht in die Torwege gejagt), sie tragen Aktentaschen, Eßgeschirre und Einkaufsnetze, sie stehen Schlange, unterhalten sich und rauchen bei ihrem Nachbarn eine Papirossa an. Man kann Repliken hören wie:
»Anscheinend schießen jetzt unsere.«
»Na, Sie gefallen mir – unsere!«
Oder: »Das war ja 'n Ding!«
Der sich wiederholende Ton weicht jetzt nicht mehr aus dem Bewußtsein. Und wie immer, wenn er diesem Ton lauscht, erlebt N. das Gefühl, daß die Erscheinungen gewissermaßen umkippen und sich verkehren. Ein Durcheinander in den Kategorien von Zeit und Raum. Das Pfeifen der Granaten über dem Kopf ist schrecklicher, doch leichter zu begreifen. Es zeugt von räumlicher Präsenz – sie sind wirklich jetzt hier über dem Kopf – und von zeitlicher Ausdehnung (die Dauer des Pfeifens). Etwas völlig anderes ist der Ton einer entfernten Detonation. Das ist etwas nicht zu Verfolgendes, etwas Gegenwärtiges, das, bevor es ins Bewußtsein dringt, bereits zu etwas Vergangenem geworden ist. Eine verkehrte Reihenfolge: erst kommt der Ton, dann die Angst vor dem, was nicht geschehen ist. Danach – Stille, und in dieser kurzen Stille entscheidet sich von neuem die

Frage über Tod und Leben eines Menschen. Sie entschied sich dadurch, daß er zwei Schritte zu nahe an die Straßenbahnhaltestelle gekommen war, sich nach seiner zu Boden gefallenen Aktentasche gebückt oder vom Gehweg einen Schritt auf die Fahrbahn gemacht hatte. Dem Menschen scheint es, daß alles nach dieser Reihenfolge abläuft – erst kommt das Pfeifen, dann die Detonation, die er anderswo wahrnimmt, und dann wird schon irgend etwas mit ihm geschehen sein. Er weiß: das ist eine Aberration.

Es ist eine Aberration der Zusammenhänge von Ursache und Wirkung, und es gibt auch noch eine Aberration der Sicherheit – wenn der Mensch seinen Schritt während des Artillerieangriffs beschleunigt, um nicht erwischt zu werden. Geradeso verfährt auch N., wenn er sich darüber ärgert, daß sie ihn auf der Straße aufhalten und daran hindern, zur Behörde zu kommen, wo es um diese Zeit heißes Wasser gibt, denn dieses heiße Wasser kann man zu dem Bonbon trinken, das vom Mittagessen übrig ist.

Das Gefühl der Angst wird durch ein noch unmittelbareres Gefühl ersetzt – durch eine Gereiztheit, die sich vom Hungertrauma ableitet. Wenn diese Substitution der Gefühle nicht stattfindet, geht N. in einen Torweg und sagt zu sich selbst und zu den anderen, man sollte sich vernünftig verhalten – ohne Panik und ohne törichte Fahrlässigkeit.

## III.
### Der Abend

Die nachmittägliche Arbeitszeit ist zu Ende. Die Rückkehr nach Hause steht bevor. Als N. tagsüber das erste Mal die Behörde verließ, hatten nervöse Angespanntheit und Hast überwogen; beim zweiten Mal überwiegt die Erstarrung.

N. geht langsam die Straße entlang. Jetzt ist es Abend, der

Abend vor einer weißen Nacht, mit seinen herrlichen (selbst an schwülen Tagen noch kalten) schrägen Lichtstrahlen, die den Asphalt des Newski Prospekt funkeln lassen. Das gewohnte Staunen, wenn man nach einem langen Arbeitstag aus den düsteren Räumen hinaus auf die Straße kommt und dort das Licht in seiner unvergänglichen Fülle antrifft. Es ist eben jene Unerschöpflichkeit des andauernden Lebens, welche die echten Leningrader so sehr lieben. Es ist das Gefühl eines noch nicht angetasteten Lebensvorrats; es wird einem jeden Tag aufs neue zugeteilt.

Rührte nicht daher jener Traum, der N. in seiner Jugend immer wieder beschäftigt hatte? Der Traum von einem Leben, das aus langen Tagen bestand. Aus Tagen, die man in ihrer ganzen Ausdehnung und in jedem einzelnen Teilchen, aus dem sie sich zusammensetzten, durchleben und erfassen könnte. Doch jetzt hat der Gang des Lebens seine eigene Ordnung – ungeachtet der weißen Nächte. Der Kreis muß sich schließen (um wieder von vorne zu beginnen, denn er ist eben ein Kreis). Der Gang der Dinge steht fest – die Müdigkeit, die Verbrauchtheit der rituellen Gesten des Tages, die heranrückende Stunde des letzten Essens. Der Kreis strebt traurig seinem nicht existierenden Ende zu.

Es hat etwas Beunruhigendes, wenn der Zustand des Tages nicht mit dem des Menschen übereinstimmt. Das ewige, die Nerven strapazierende Licht erinnert daran: gerade jetzt könnte man sich aufmachen und noch lange am gewundenen Flußufer entlangwandern; noch so vieles könnte man tun ... In einer weißen Nacht wird ihre Grausamkeit offenbar. Alexander Blok hatte das begriffen: »Grausam bist du, Mai, mit deinen weißen Nächten ...« Sie sind grausam gegen den Menschen, der sich wünscht, daß ihn das Dunkel beschütze, daß ihn ein tiefer Schlaf ereile. Der Tag ist übervoll von all den Dingen, die das Bewußtsein ablenken, verwirren und trüben. In einer Nacht dagegen, die frei ist von jeder überflüssigen Eile und die nicht durch Finsternis gemildert wird, treten die wesentlichen Konturen des Lebens unverhüllt zutage. Jetzt ist das noch schrecklicher als jemals zuvor.

Zu Hause erwartet ihn noch das Abendessen – die abschließende Mahlzeit, der Saldo des Abends. In jenem anderen, vergangenen Leben hatte für N. der Abend spät begonnen, hatte sich in die Länge gezogen und war übergegangen in Nachtwachen bis zwei, drei Uhr oder noch später. Er war mitunter Teil des Arbeitstages gewesen, doch war auch das Nichtstun prinzipiell erlaubt; der Abend war der einzige Teil des Tages, in dem das Nichtstun legitimiert war, in dem es leichtfiel. Und alle in seiner Umgebung hatten ihren Abend mit Vergnügungen, mit Liebe, mit freundschaftlichen Gesprächen beim Wodka ausgefüllt. All dies ließ sich als eine Art von Erholung schon im voraus genießen. Vor allem, wenn man diese Erholung nicht plötzlich unterbrechen mußte, wenn sie in die folgende Zeiteinheit überging. Wenn man zum Beispiel bis zum nächsten Tag zusammenbleiben konnte.

All dies muß jetzt das Abendessen ersetzen. Bewußt oder unbewußt wirkt sich ein nicht vollwertiges Abendessen (aufgewärmtes Kraut ohne Brot beispielsweise) während der ganzen zweiten Tageshälfte auf die Stimmung aus. Hat man dagegen noch ein vollwertiges Abendessen vor sich, so ist das etwas Versöhnliches wie ein Happy-End.

Das Abendessen ist beendet. N. sitzt vor der Wremjanka. In ihr glimmen noch die Späne, und das Öfchen qualmt ein wenig. Mit einem langen Span wendet N. die schwelenden Holzscheite, die in dem engen eisernen Raum liegen, und steckt sich eine Papirossa an. Im früheren Leben hatten die Papirossy einer bestimmten Typologie entsprochen. So gab es die Papirossa vor dem Schlafen, die Papirossa am Morgen oder die Trägheitspapirossa nach dem Mittagessen; es gab solche, die man während geschäftlicher Besprechungen, und andere, die man während einer Plauderei mit Freunden rauchte. Und dann waren da noch jene Papirossy, die er zu Ende rauchte: an ihrem zusammengedrückten Mundstück – Spuren von Lippenstift.

In den Monaten der Blockade gewann die Papirossa eine Vielzahl neuer und wichtiger Bedeutungen. Sie wurde zu einem Mittel, mit dessen Hilfe man den Hunger physisch betäuben, mit dem man seine Gedanken vom Hunger ablenken konnte. In einem Dasein, das absolut nicht für Vergnügungen prädestiniert war, bedeutete die Papirossa den wohl einzigen Akt reinen Vergnügens, der nicht (wie das Essen oder Schlafen) an einen Nutzen, sondern eher noch an einen Schaden geknüpft war. Durch ihre uneigennützig hedonistische Natur stellte die Papirossa so etwas wie einen Überrest des normalen menschlichen Lebens dar. Die Papirossa war – besonders als Selbstgedrehte mit dem entsprechend umständlichen Ritual ihrer Anfertigung – eine Behelfsmöglichkeit, um die Leere, um einen gewissen Ausschnitt der Leere zu füllen. Was kommt jetzt noch? Was kommt jetzt noch? »Ich kann noch eine rauchen«, so fand der Mensch eine Antwort, mit der sich die Schwermut lindern ließ.

Im Laufe des Tages gab es verschiedenartige Papirossy. Die Hungerpapirossa, die N. unmittelbar vor der Suppe rauchte, wenn die Frau an der Essensausgabe getrödelt hatte und seine Gereiztheit bis zum äußersten angewachsen war. Die Papirossa nach dem Mittagessen – seinerzeit war sie im Nebel der müßigen Sattheit ins Dasein getreten; jetzt betäubte sie die Schwermut über das unbefriedigende Mittagessen. Die Papirossa am Arbeitsplatz. An sie dachte er voller Vergnügen, während er auf dem Rückweg zur Behörde war. Sie gehörte dort zu einem Komplex, bestehend aus dem Umgang mit gleichgültigen Menschen, aus Plaudereien, bürokratischen Ritualen und funktionierenden

Elektrogeräten (um Streichhölzer zu sparen, zündete man sich seine Papirossa dort an der Kochplatte an). Schließlich gab es noch die letzte, die abendliche Papirossa. Mit ihrem Rauch, so schien es, verflüchtigte sich das im Laufe des Tages erschöpfte Bewußtsein. Ungeachtet dieser thematischen Zuordnung der einzelnen Papirossy stellte das Rauchen in diesem Dasein dennoch den Akt dar, der am ehesten frei, der am wenigsten situationsgebunden war.

N. stochert mit seinem langen Span im Öfchen, während er die abendliche Selbstgedrehte zu Ende raucht, durch die der Vorgang des Essens fortgesetzt und verlängert wird. Der letzte in der Asche verborgene Funke verglimmt am Rand der Zigarettenspitze. Und in diesem Augenblick (so war es schon häufiger) wird das Gefühl des Kreises, das Gefühl, im Kreis zu laufen, plötzlich erschreckend deutlich. Und das Schrecklichste daran ist weniger die Wiederholbarkeit, sondern diese absolut präzise Vorhersehbarkeit. Schon sieht er die sich entfaltende Abfolge seiner Bewegungen – morgen, übermorgen ... Er sieht, wie er gerade die Aktentasche in die Hand nimmt, wie er den Schlüssel in die Manteltasche steckt, wie er leicht keuchend die Treppe in der Behörde hinaufsteigt, wie er der Stenotypistin über die Schulter schaut – ob sie mit dem Manuskript weitergekommen ist. Nichts läßt sich aus dieser zusammenhängenden Abfolge eliminieren, und es ist unmöglich, sie durch eine nicht vorherbestimmte, eine nicht rituelle Geste zu erweitern.

Das war alles nicht mehr ganz neu. Auch im früheren Leben hatte ihn bisweilen die Vorhersehbarkeit zukünftiger Handlungen gequält. Ein Doppelgänger von automatischer Genauigkeit hatte sich von ihm abgespalten und war in die Zukunft entwichen. Aus irgendeinem Grunde war es besonders abstoßend, wenn N. für ein oder zwei Monate aus der Stadt verreiste. Es war unheimlich, im voraus zu sehen, wie sein ihm entfremdeter Doppelgänger einen Monat später eine Fahrkarte kaufte, im Abteil saß oder die verschlossene Wohnungstür öffnete.

Damals waren das psychologische Trugbilder gewesen; im Blockadedasein erlangt das alles eine seltsame Wörtlichkeit. Wie die Gesten sind auch die mit ihnen verknüpften Empfindungen vorherbestimmt. Unfehlbar mußte im selben Augenblick, in dem N. am Eingang der Behörde dem Wachsoldaten seinen Passierschein zeigte, ein Gefühl der Zuversicht entstehen; ein Gefühl der Erleichterung, wenn die richtige Straßenbahn um die Ecke bog; ein Gefühl von öder Schwermut, wenn mit den ersten beiden Schwüngen des Löffels unwiederbringlich die Kascha verschwand; ein Gefühl der Fülle, der Unerschöpftheit, wenn er am Morgen das noch unberührte Brot aus der Aktentasche zog.

Eine absolute Unfreiheit der Gemütsbewegungen, gefesselt an Dinge, die früher einmal auf den niedrigsten Stufen der Wertehierarchie gestanden hatten.

Im hastigen Wettlauf von Essen zu Essen lag etwas Unbewußtes, das jenen langen Tagen, jenen durch und durch begriffenen, vom Denken verarbeiteten Tagen, von denen er einst geträumt hatte, diametral entgegengesetzt war.

Aus irgendeinem Grunde ist da heute eine lange nicht mehr empfundene Klarheit der Gedanken, ein Aufstand der Gedanken, als wollten sie den Versuch machen, sich zu befreien. Weshalb hatte er sich die langen Tage ins Gedächtnis zurückgerufen? Da beginnt die durch die Dystrophie bedingte Gedankenverwirrung zu weichen, da festigt sich die Verbindung mit dem Leben der Allgemeinheit, die dem Feind beharrlich Widerstand leistet.

# Deutschsprachige Literatur
## in den suhrkamp taschenbüchern: Prosa
### Eine Auswahl

Anders, Günther: Erzählungen. Fröhliche Philosophie. st 432
Andreas-Friedrich, Ruth: Der Schattenmann. Tagebuchaufzeichnungen 1938-1945. Mit einem Nachwort von Jörg Drews. st 1267
– Schauplatz Berlin. Tagebuchaufzeichnungen 1945-1948. st 1294
Augustin, Ernst: Der amerikanische Traum. Roman. st 1840
– Eastend. Roman. st 1176
– Mahmud der Schlächter oder Der feine Weg. Roman. st 2496
Bachmann, Ingeborg: Malina. Roman. st 641
Becker, Jurek: Aller Welt Freund. Roman. st 1151
– Amanda herzlos. Roman. st 2295
– Der Boxer. Roman. st 526
– Bronsteins Kinder. Roman. st 1517
– Irreführung der Behörden. Roman. st 271
– Jakob der Lügner. Roman. st 774
– Nach der ersten Zukunft. Erzählungen. st 941
– Schlaflose Tage. Roman. st 626
Beig, Maria: Hochzeitslose. Roman. Mit einem Nachwort von Martin Walser. st 1163
– Rabenkrächzen. Eine Chronik aus Oberschwaben. Roman. Mit einem Nachwort von Martin Walser. st 911
– Die Törichten. Roman. st 2219
– Urgroßelternzeit. Erzählungen. st 1383
Benjamin, Walter: Denkbilder. st 2315
Berkéwicz, Ulla: Adam. st 1664
– Engel sind schwarz und weiß. Roman. st 2296
– Josef stirbt. Erzählung. st 1125
– Maria, Maria. Drei Erzählungen. st 1809
– Michel, sag ich. st 1530
Bernhard, Thomas: Alte Meister. Komödie. st 1553
– Amras. Erzählung. st 1506
– Auslöschung. Ein Zerfall. st 1563
– Beton. Erzählung. st 1488
– Die Billigesser. st 1489
– Ereignisse. st 2309
– Erzählungen. st 1564
– Frost. st 47
– Gehen. st 5
– Holzfällen. Eine Erregung. st 1523
– Ja. st 1507
– Das Kalkwerk. Roman. st 128

## Deutschsprachige Literatur
## in den suhrkamp taschenbüchern: Prosa
## Eine Auswahl

Bernhard, Thomas: Korrektur. Roman. st 1533
- Der Stimmenimitator. st 1473
- Ungenach. Erzählung. st 1543
- Der Untergeher. st 1497
- Verstörung. st 1480
- Watten. Ein Nachlaß. st 1498
- Wittgensteins Neffe. Eine Freundschaft. st 1465

Blatter, Silvio: Avenue America. Roman. st 2388
- Das blaue Haus. Roman. st 2141
- Kein schöner Land. Roman. st 1250
- Das sanfte Gesetz. Roman. st 1794
- Die Schneefalle. Roman. st 1170
- Wassermann. Roman. st 1597
- Zunehmendes Heimweh. Roman. st 649

Braun, Volker: Hinze-Kunze-Roman. st 1538
- Unvollendete Geschichte. st 1660

Brecht, Bertolt: Dreigroschenroman. st 1846
- Flüchtlingsgespräche. st 1793
- Geschichten vom Herrn Keuner. st 16
- Der Kinnhaken. Gedichte, Geschichten und Essays zur Literatur und zum Boxsport. Herausgegeben und mit einem Nachwort versehen von Günter Berg. st 2395

Broch, Hermann: Die Unbekannte Größe. Roman. st 393
- Die Verzauberung. Roman. st 350
- Der Tod des Vergil. Roman. st 296
- Die Schuldlosen. Roman in elf Erzählungen. st 209
- Novellen. Prosa, Fragmente. st 2368
- Die Schlafwandler. Eine Romantrilogie. st 2363
- Die Schuldlosen. Roman in elf Erzählungen. st 2367
- Der Tod des Vergil. Roman. st 2366
- Die Unbekannte Größe. Roman. st 2364
- Die Verzauberung. Roman. st 2365

Buch, Hans Christoph: Tropische Früchte. Afro-amerikanische Impressionen. Erstausgabe. st 2231

Burger, Hermann: Brenner. Band 1: Brunsleben. Roman. st 1941

Cailloux, Bernd: Der gelernte Berliner. Erstausgabe. st 1843

Deutsche Erzähler. Band 1. Ausgewählt und eingeleitet von Hugo von Hofmannsthal. st 2378

Deutsche Erzähler. Band 2. Ausgewählt und eingeleitet von Marie Luise Kaschnitz. st 2379

## Deutschsprachige Literatur
## in den suhrkamp taschenbüchern: Prosa
## Eine Auswahl

Dorst, Tankred: Die Reise nach Stettin. Mitarbeit Ursula Ehler. st 1934

Dürckheim, Karlfried Graf: Erlebnis und Wandlung. Grundfragen der Selbstfindung. st 1945

Endres, Ria: Werde, was du bist. Dreizehn literarische Frauenportraits. st 1942

Enzensberger, Hans Magnus: Ach Europa! Wahrnehmungen aus sieben Ländern. Mit einem Epilog aus dem Jahr 2006. st 1690
- Aussichten auf den Bürgerkrieg. st 2524
- Der Fliegende Robert. Gedichte, Szenen, Essays. st 1962
- Die große Wanderung. Dreiunddreißig Markierungen. Mit einer Fußnote ›Über einige Besonderheiten bei der Menschenjagd‹. st 2334
- Der kurze Sommer der Anarchie. Buenaventura Durrutis Leben und Tod. Roman. st 395

Federspiel, Jürg: Die Ballade von der Typhoid Mary. st 1983
- Geographie der Lust. Roman. st 1895
- Eine Halbtagsstelle in Pompeji. Erzählungen. st 2481

Fleißer, Marieluise: Abenteuer aus dem Englischen Garten. Geschichten. Mit einem Nachwort von Günther Rühle. st 925
- Romane. Erzählende Prosa. Aufsätze. st 2275
- Eine Zierde für den Verein. Roman vom Rauchen, Sporteln, Lieben und Verkaufen. st 294

Franke, Herbert W.: Die Glasfalle. Science-fiction-Roman. st 2169
- Sirius Transit. PhB 30. st 535

Freisprüche. Revolutionäre vor Gericht. Herausgegeben von Hans Magnus Enzensberger. st 111

Frisch, Max: Blaubart. Eine Erzählung. st 2194
- Dienstbüchlein. st 205
- Erzählungen des Anatol Ludwig Stiller. Mit einem Nachwort von Walter Jens. st 2303
- Homo faber. Ein Bericht. st 354
- Mein Name sei Gantenbein. Roman. st 286
- Der Mensch erscheint im Holozän. Eine Erzählung. st 734
- Montauk. Eine Erzählung. st 700
- Schweiz ohne Armee? Ein Palaver. st 1881
- Stiller. Roman. st 105
- Tagebuch 1946-1949. st 1148
- Tagebuch 1966-1971. st 256
- Der Traum des Apothekers von Locarno. Erzählungen aus dem »Tagebuch 1966-1971«. st 2170